张耘／主编

让孩子成为优秀在校生

山东友谊出版社
Shandong Friendship Publishing House

《让孩子成为优秀在校生》编委会

主　编　张　耘
编　者　单　红　王岩山　郑　江　蔡光萍
　　　　徐　明　矫　玲　刘常凤　王本红
　　　　李淑悦　张　蕾　徐　彦

序

与张耘相识近30年了,之前没能到过他的家乡——乳山,真是有点儿遗憾。今年8月中旬,总算借参加一个活动的机会,来到了乳山,来到了他的学校。坐在他办公桌对面,还没有说几句话,张耘就给了我一个惊喜:他在研究家庭教育,而且已经颇有心得!

家庭教育,是大教育的组成部分之一,也是学校教育与社会教育的重要基础。我国自古就有重视家教家风的传统,也流传下来许多非常感人的故事,这些故事至今仍是我们宝贵的教育资源。但是,我们的家教传统有其农业社会的特点和历史局限性,在以工业文明为特点的现代生活环境下,必须有所改变才能融入现代教育之中。再者,毋庸讳言,我们的家庭教育近年来受急功近利成才观的驱使已经异化,在为数不少的家庭,所谓的家庭教育只重考试成绩,严重压制孩子健康成长、个性化发展,甚至于成为学校教育和社会教育的"绑架"势力,成为培养创新能力的障碍。有的人甚至感叹:"在中国,最应该受教育的是家长!"的确,我们的许多家长对真正的教育所知甚少。

有人说,家庭教育是指家庭中的父母及其他已成年的家庭成员对未成年孩子进行教育的过程。鉴于我们家庭教育的现状,这样说是远远不够的。现在,家庭教育应该被视为终身教育的一部分,既是婴幼儿时期"人之初"的教育,也是与学校教育互动的相互补充的育人过程,教育工作者和学校在引导家庭教育的理念和方法上,不能缺位。美国当代著名的心理学家、教育家布鲁姆在《在青年中发展人才》(1985)一书中提出，家长和教育工作者的重视和指导，以及青年自己的机遇和努力，在实现目标方面发挥着比遗传学更大的作用。他认为，家庭教育与学校教育协同性如何，是影响学生学业成绩的一个非常重要的变量，而且，随着社会的发展，这一因素的影响在学校教育中所占的比重将会越来越大。学校教育必须采取适当措施积极干预家庭教育，提高家长的教育素质，最大限度地增强学校教育与家庭教育的一致性、协调性，增强教育合力，减少教育内耗。

山东省教育学会正在筹建"山东省家庭教育研究专业委员会"，以调动各级各类学校校长、教师和教育专家学者参与到当代家庭教育的研究与引领中来。但是，由于我刚刚接触这项任务，对全省中小学开展家庭教育的研究与推广情况还不很了解，正在做调研工作，因此，听说张耘多年来在校长的岗位上研究家庭教育，并且已经发表了大量文章，出版了好几部专著，我真是难掩心中的喜悦！

与张耘结识近30年，对他的教育思想，他的实干精神，我是很钦佩的。他从一名普通教师，一步步走上中学校长的岗位，现在已成为齐鲁名校长人选，可喜可贺。更令人折服的是，作为一位教育者，一位名校长，他用自己的教育思想，踏踏实实做实事的责任心和使命感，在教育岗位上默默地坚守而矢志不渝。他的朴实无华，其实蕴藏着一股浓浓的、炽热的教育情怀。用张耘自己的话说，"教育即是一种情怀——是一种教育者对教育所产生的积极的心灵状态，是一种为他人、为社会、为民族甘愿奉献的心灵境界，是一种对教育的责任和担当。"（《做一名有情怀的校长》）他一路走来，始终俯身一线，潜心实践，在学科教学、教育科研、家庭教育等方面均取得了不俗的成就，他先后出版教育专著十余部，发表的教育论文不少于百篇，也因此获得了"威海市有突出贡献中青年专家"等无数的荣誉。而面对鲜花与掌声，张耘认为，"我并没有觉得这些成绩和荣誉，在自己的人生背囊中占据多么重要的位置。与之相比，一批批孩子的茁壮成长，一位位老师的幸福微笑，更让我觉得弥足珍贵、倍感欣慰。"

那天，在谈到正在开展的家庭教育工程时，张耘认为那是自己的一份责任："当初我涉足家庭教育领域的研究与实践，除了有通过改善家教质量，促进学校教育协调可持续发展的动机之外，还有一点，就是想为社会做点事情，为国家和民族的兴旺发达尽一点匹夫之责。"的确，从2008年开始，张耘就着手家庭教育的研究，一方面，他将自己的研究成果与更多的人分享，先后在全国权威家教杂志《父母课堂》发表家教文章五十余篇，公开出版《好父母成就好孩子》《家长该如何辅导孩子学习》《培养性格健全的人》三部家教著作；另一方面，他应约担任了中华家庭教育网、威海市家庭教育学会专家库成员，并应邀在全国各地对教师、教育干部、大学生和其他各系统职工进行了多场家庭教育、家校合作方面的专题讲座和报告会，收到了很好的教育效果和社会效应。

客观地说，在当前这个很现实的社会背景下，一个教育者，尤其是一位校长，能够有这份不逐名利的坚守，本身就令人钦佩。这正是多年来我一直与张耘做朋友的原因所在。

如今，他的又一部家教力作《让孩子成为优秀在校生》即将问世，我有幸先睹为快，倍感鼓舞与激动。在家庭教育研究方面，张耘是我的老师，写此文不敢称作序，只是表达对他的钦佩！这部新作以"让孩子成为优秀在校生"为着眼点，针对孩子在学校生活中存在的种种问题，进行了全方位多角度深入理性的原因分析，科学地归纳出带有普遍意义的结论，并提出极具操作性的具体建议和解决方案。其指向性与针对性更强，是广大学生家长急需的一部家教指导专著。该书的问世，不仅将填补学术界在这方面的空白，也使张耘之家教著作渐成系统。

我是一个有着三十多年经历的老教育工作者，自感对教育有着更多更大的责任，殷切地希望张耘和他的家教团队能够进一步深化研究，继续为社会特别是广大父母奉献出更多高质量的家教精品著作；真诚地期待每一个教育工作者都能够担负起自己应该承担的责任，为社会、为国家、为他人，也为自己呈献出更多的精彩；衷心地祝愿每一位父母都能成为"教育家"，每一个孩子都能成为"优秀在校生"。

最后，我想借用习近平总书记的一句话，与张耘同志共勉。那就是——不忘初心，继续前进！

李文军

2016年9月于济南

前 言

  教育孩子，从来都是人生的一件大事，牵动着千千万万父母的心。

  父母是孩子的第一任老师。亲情的纽带，使家庭教育具有学校教育、社会教育不能取代的地位和作用。新的历史时期，社会快速进步，新事物扑面而来，为孩子的未来提供了前所未有的机遇和无限广阔的空间，同时也给他们带来了极其严峻的挑战。君不见网络的神奇羁绊了太多孩子进取的脚步，让其无法自拔；君不见外来的糟粕侵蚀了太多孩子纯净的心灵，让其萎靡不振……

  如何帮助孩子做好准备，善于应对，争取最好的前途，常常使父母们困惑不解。而事实上在孩子呱呱坠地之时，父母们大抵没有做好充分的准备。尤其是时下，孩子在不同于前人的新的环境中生活，他们面临的矛盾、问题也常常超出父母已有的经验。于是许多为父母者就不免苦恼和困惑，他们常常为自己在孩子身上的期望不能实现，为自己对孩子的教育不能奏效甚至得到相反的结果而感到不解。在这样的历史时期，加强对家庭教育理论的探索和研究，加强对家庭教育的知识与经验的传播，就成为一件十分迫切和受到社会关注的事情。

  人的成长是有规律的，关于人的成长的学问是科学。教育也是有规

 让孩子成为优秀在校生

律的,也要符合科学,还要讲究教育的艺术。当您的孩子不知感恩,顶撞师长时,您该怎么办?当您的孩子性格孤僻,不知如何与人正确交往时,您该怎么办?当您的孩子写作业磨蹭、应付,甚至不爱写作业时,您该怎么办?当您的孩子文理科发展不平衡时,您该怎么办?当您的孩子厌烦读书与写作时,您该怎么办?当您的孩子缺少实践与创造力时,您该怎么办?如此等等,细心的读者在这本书中都可以找到对自己有用的方法。

理在不烦,简明为真;法不在多,有用就行。本书以"让孩子成为优秀在校生"为着眼点,以通俗形象的文字,源于实际生活的鲜活案例,从"品行修养""学业提升""潜能发展"三个方面,针对孩子在学校生活中存在的种种问题,进行全方位多角度深入理性的原因分析,科学地归纳出带有普遍意义的结论,并提出极具操作性的具体建议和解决方案,是一部适合各种文化层次的家长朋友阅读参考的家教指导著作。希望读者朋友们通过本书能有一言二句之得,能解开一个心结,能解决一道难题,能发现一个目标,能找到一条道路。

张 耘
2015年8月

目录 CONTENTS

CHAPTER 1 | 品行修养篇

有人曾经对世界上多个伟大人物进行过调查分析，发现这些伟大人物都有一个共同的特点，那就是他们的智力一般，但是他们从小品行修养非常突出。人们越来越认识到，良好的品行修养是一个人立足社会的通行证。可现在很多的父母只重视孩子学习能力的培养和智力的开发，却忽视了孩子良好品行修养的培养。

孩子的品行修养培养是一项长期的、循序渐进的教育工作，本篇旨在从诚信、感恩、责任、交往、宽容、合作六个方面进行具体阐述。家长在引导过程中尤其要注重提升自身的道德修养，真正为孩子的健康成长播下希望的种子。

培养孩子诚信的品德 / 2

培养孩子的感恩之心 / 8

培养孩子的责任心 / 14

培养孩子的交往能力 / 22

培养孩子的宽容心 / 30

培养孩子与人合作的能力 / 37

CHAPTER 2　学业提升篇

　　你是否经常为孩子的学习成绩而烦恼，为怎样提升孩子的学业水平而忧心忡忡？"学业提升篇"会成为你解决问题的最佳方案。它通过十二个角度分别扫描了孩子在学习中存在的主要问题，并分析了这些问题产生的根源，最后为你提供一条科学的让孩子学业水平提升的途径。只要你了解孩子学习中存在的问题，并有针对性地从本书中找到解决这些问题的良方，相信你孩子的学业水平一定能得到大幅度的提升。

　　家长可从课前、课中、课后三个方面入手，鼓励和引导孩子多听、多记、多读、多写、多做、多问、多预习、多复习、多总结、多反思，培养孩子的学习兴趣，改善孩子的学习方法，使孩子养成良好的学习习惯。

培养孩子的预习习惯 / 46

培养孩子的听课习惯 / 55

培养孩子的做作业习惯 / 62

指导孩子做好课后复习 / 69

培养孩子的书写习惯 / 75

提高孩子的计算能力 / 83

提高孩子的口语表达能力 / 90

提高孩子背诵记忆的能力 / 97

让孩子爱上阅读 / 105

让孩子爱上写作 / 112

让孩子养成践行计划的习惯 / 119

让孩子学会反思 / 126

CHAPTER 3 潜能发展篇

人的潜能犹如一座待开发的金矿，能量无穷，价值无限。我们每一个人都有一座这样的潜能金矿。但是，由于没有进行各种潜能训练，潜在的能量无法得到淋漓尽致的发挥。相信只要家长抱着积极的心态去开发孩子的潜能，孩子都有望有一番成就。

开发孩子的潜能，要努力为他创设一种良好的教育环境。首先要相信孩子，相信每个孩子都具有巨大的潜能，相信人人都能成才，并让他感受到这份信任，在信任中增强自信；其次要激励孩子，要让他感受到自己通过努力获得的成功；最后要善于发现孩子，引导孩子，你想让孩子向什么方向发展，就在那里寻找"闪光点"，通过表扬、激励让其发扬光大。

开发孩子的好奇心 / 134

培养孩子的观察力 / 142

丰富孩子的想象力 / 150

成就孩子的思维力 / 157

锻炼孩子的实践力 / 163

激发孩子的创造力 / 170

CHAPTER 1

品行修养篇

  有人曾经对世界上多个伟大人物进行过调查分析，发现这些伟大人物都有一个共同的特点，那就是他们的智力一般，但是他们从小品行修养非常突出。人们越来越认识到，良好的品行修养是一个人立足社会的通行证。可现在很多的父母只重视孩子学习能力的培养和智力的开发，却忽视了孩子良好品行修养的培养。

  孩子的品行修养培养是一项长期的、循序渐进的教育工作，本篇旨在从诚信、感恩、责任、交往、宽容、合作六个方面进行具体阐述。家长在引导过程中尤其要注重提升自身的道德修养，真正为孩子的健康成长播下希望的种子。

让孩子成为优秀在校生

培养孩子诚信的品德

邓毅一直是父母眼中的好孩子。可是最近，他经常向妈妈要钱，理由是学校号召捐款，或者是学校要求交资料费、帮助同学……妈妈感到很疑惑，于是和老师通电话了解情况，发现这些全部都是假的。经多方了解，原来他撒谎要钱，全都是为了进网吧上网。当妈妈跟他交流时，他还是用各种谎言来掩饰自己的行为，为此妈妈苦恼不已。

邓毅的表现在孩子中具有一定的普遍性，就是孩子的诚信出了问题。其实，诚信出问题的表现远不止这些，比如抄袭作业、考试作弊、偷改试卷分数、对他人乱承诺却不兑现，等等。

诚信就是诚实守信，是一个具有普遍性的道德规范，是处理个人与社会、个人与他人之间的相互关系的基本道德规范。诚实守信是初始性道德,一切道德规范都是在此基础上建立的,再高的道德规范都是以诚信为基础的。"人无信不立",就是这个道理。

孩子诚信缺失,固然与学校教育的不到位、社会大环境的影响有一定的关系,但家庭诚信教育的缺失和方法不当,也是重要的因素之一。那么,家长的哪些错误做法容易导致孩子不诚信行为的发生呢?

 追根溯源

一、包庇纵容,滋生失信行为

孩子在成长过程中犯错不足为怪,但父母若处理不当,其不良后果却不可小视。当孩子偷拿了同学的文具、抄袭作业、与人打架推卸自己的责任、为买心爱的物品说谎要钱时,有的家长认为这只是小毛病,孩子年龄尚小,"树大自然直",不必去理会;有的家长为了维护自己的面子,一味地替孩子遮掩。家长的这些错误做法都会助长孩子的不诚信行为,导致孩子是非不明,甚至为逃避责任,免除惩罚,编说谎言,做出不诚信的事情。

二、方法不当,引发错误导向

有的家长发现孩子偶尔的不诚信行为,便深恶痛绝,恶语相向。比如孩子第一次拿了少许零花钱,就被斥为"小偷";不小心摔破了东西不敢承认,就被说成"撒谎"。家长过早给事情定性,对问题严重性的故意渲染,会使"小偷""撒谎"这些消极的心理暗示不知不觉地存在于孩子的潜意识里,驱动孩子一错再错,不仅不能起到令行禁止的作用,反而得到适得其反的效果,最终使他们远离诚信。其实,孩子天性

纯真、率直，不诚信并不是与生俱来的。不少家长"望子成龙"心切，容不得孩子犯一点儿错误。如：对待孩子的学习，不注重学习过程中的科学方法指导和良好习惯的培养，等到成绩不理想时，一味责骂，甚至大打出手；对待孩子的行为，不注重是非标准的明辨、做事方法的指导，当行为出现偏差产生不良后果时，不查原因，不定对策，不教正确做法，企图用暴力体罚方式让孩子"长记性"。当孩子错误地认为是自己的诚实引起了父母的不满甚至是责罚时，便开始采取掩饰、说谎等不诚信的行为以逃避责罚。

三、盲目期待，导致投机取巧

"望子成龙""望女成凤"是家长普遍的心理期待。自己没读大学，想让孩子能"金榜题名"，步入高等学府；自己"怀才不遇"，想让孩子能"平步青云"，仕途光明……大凡自己未能实现的夙愿，都寄托在孩子身上。因此，一些家长就不顾孩子的实际智能水平和个性特点，对孩子的教育急功近利、揠苗助长，希望孩子无所不能、处处成为自己的骄傲和荣耀，希望以孩子的优秀表现填补家长的种种遗憾。有的孩子为博得家长的欢心和向周围人炫耀，为提高作业的准确率而传抄作业，为取得高分而考试作弊，为评优"选干"而拉票，形成爱慕虚荣、投机取巧等不诚信习惯。

四、言行不一，导致错误引领

有些家长对孩子的教育态度缺乏连贯性和一致性。比如做事当面一套，背后一套，口头教育孩子要诚实，自己却做出不诚信的事；更有的家长唯恐孩子太诚实会吃亏，便教育孩子做事说话"留一手"等等。这些不诚信的行为，潜移默化地影响着孩子，导致形成"言行不一"甚至"口是心非"的不诚信习惯。

"人无信不立"，要"言必信，行必果"，作为家长应当如何培养和发展孩子的诚信意识和诚信品德，让诚信成为孩子的自觉行为呢？

 献计献策

一、着眼小事，矫正孩子的错误行为

教育孩子从生活中的小事做起，做到言行一致，表里如一，当面背后一个样，家里家外一个样，校里校外一个样，真心实意，以诚待人。通过发生在孩子身上的具体事例现身说法，教会孩子明辨是非，知道哪些是诚信的表现，哪些是不诚信的表现。当孩子有偷拿同学的文具、说谎掩盖事实真相等不诚信行为时，家长不要替孩子说情遮掩，要及时了解事情真相，明确指出孩子行为的错误所在，告诉孩子正确的处理方法，让孩子了解和认识自己的行为将产生的后果，通过及时有效的矫正，把孩子的不诚信意识、行为消灭在萌芽状态。

二、讲清道理，提高孩子的诚信意识

对于孩子偶然的不诚信行为，诸如拿了不属于自己的东西、损坏东西不敢承认而说谎等，家长不必小题大做。首先，要遵循孩子生理成长规律和心理的接受规律，不要故意渲染问题的严重性，更不要过早地对事情定性，应该分析、理解孩子"无心之过"后的恐惧心理，鼓励孩子主动承认错误并改正。其次，要站在孩子的角度和立场，帮孩子分析行

为产生的动机、行为的错误所在、错误导致的后果等，使孩子深刻明白即使再喜欢，也不能拿别人的东西；无意损坏东西本身是有错，可是如果因害怕承担责任而说谎就是错上加错的道理。再次，要告诉孩子说谎的危害，告诫孩子说谎或许能一时蒙混过关，但迟早也会让他人发现事情的真相，等真相大白之后，不仅会使自己处于一种尴尬的境地，还会失去父母、老师、同学、朋友的信任，久而久之，别人就不愿意再跟你接近了。这样孩子便会在愉悦互信的氛围中受到启迪，讲诚信的意识也会逐步培养起来。

三、满足需求，奠定孩子的诚信诱因

每个父母都希望自己的孩子诚实守信，都不喜欢撒谎的孩子。但是，许多孩子却表现得不尽如人意。究其原因，大多是由于后天的某种需求引起的，比如为了满足吃的、玩的需求，甚至是为了逃避受批评、受惩罚，这些都助长了孩子撒谎的坏习惯。父母应该认真分析孩子的需求，尽量满足其合理的需求。而满足孩子的时候应该用孩子的眼光来看待事物。要分析孩子的需求，认真倾听孩子的心里话，而不要以成人的想法推测孩子的心理。当孩子向父母讲述了他的需求后，父母应该跟孩子一起分析，让孩子明白哪些要求是合理的、正确的，然后及时满足孩子合理的需求；对于不合理的需求，则要对孩子讲明道理。千万不要觉得孩子还小，或者觉得事情无关紧要就放纵他们。长此以往，孩子就会不断地强化不良行为，形成不良的品格，最终影响到他的人生。

四、降低期待，发展孩子的诚信品质

家长严格要求孩子没有错，但要用平常心看待孩子的成长发展。对

孩子的要求标准一定要考虑孩子的实际智能水平、个性特点及兴趣爱好。孩子智能平常,你硬要让他成绩出类拔萃;孩子爱好学习文科,你硬要把他培养成一个物理学家;孩子对弹钢琴毫无兴趣,你硬要逼迫他练成钢琴家……殊不知这些盲目、过高的要求,给孩子造成太多的负累,由于付出太多的努力却不能得到理想的结果,导致孩子为取悦家长而弄虚作假,同时做出有悖诚信的事情。如果出现这样的情况,家长首先要肯定孩子的上进心,同时也应该让孩子明白,人应该扬长补短,充分发挥自己的优势和特长,努力弥补缺陷和不足。但无论出于怎样的动机,都应该诚实守信。家长期待孩子的成绩进步,但更要让孩子成为一个诚实守信的人。只要每件事情孩子都尽自己所能做到最好,家长都应该为之高兴和骄傲。

五、以身作则,提升孩子的诚信水平

父母要培养一个有责任心、以诚待人的孩子,就要以身作则,做诚实的表率。父母的行为对孩子来说是无声的语言、有形的榜样。为了培养孩子的诚实习惯,在日常生活中,父母对待孩子一定要诚信,不要说话不算话。在向孩子许诺之前一定要三思,不能言而无信,答应孩子的事情一定要做到。如果不能兑现承诺,应及时向孩子解释,向孩子道歉,并作自我批评,让孩子从内心理解和原谅父母,事后父母应设法兑现自己的承诺。如果父母总是言而无信,孩子就会对父母产生不信任感,并认为说了话可以不算数,慢慢地他们也会模仿父母,不讲诚信了。

 让孩子成为优秀在校生

培养孩子的感恩之心

  山西临汾有一个女孩叫孟佩杰。五岁那年,爸爸遭遇车祸身亡,妈妈将她送给别人养育。在新家,孟佩杰还是没能过上幸福的生活,养母三年后瘫痪在床,养父不堪生活重压,一走了之。绝望中,养母企图自杀,但被孟佩杰发现并阻止。从此她用自己稚嫩的肩膀承担起了照顾养母的责任。早晨她很早就起床,做饭、洗尿布、帮养母擦洗身体、上学;中午跑着回家给养母做饭、换洗尿布;晚上先帮养母做康复运动,然后挑灯夜读。2009年,孟佩杰考上了山西师范大学临汾学院,她便带着养母一起上大学。大一那年暑假,孟佩杰勤工俭学,顶着炎炎烈日上街发广告传单;拿到工资后的第一件事就是买养母最爱吃的红烧肉。孟佩杰的童年里缺少同龄孩子该获得的快乐。命运对她很残忍,但她却在逆境中用自己的行动感恩养母。2011年孟佩杰当选为感动中国年度人物之一。

孟佩杰身处逆境却怀有感恩之心，她的所作所为确实给我们相当大的震撼。当人们赞美她的孝心时，她却平静地说："我只不过做了每个女儿都会做的事。"不少好心人提出要帮助她，但都被婉拒，她坚持自己照顾养母。虽然养母只养育了她仅仅三年的时间，而孟佩杰却要用一辈子来报答养母的恩情。孟佩杰感恩母亲的事迹应作为家长教育孩子感恩的"活教材"。

现代社会已成为"独生子女时代"，对独生子女的娇惯和溺爱，滋长了孩子们的自我意识——一切活动都以自我为中心。他们在家中个个是"小皇帝""小公主"，在学校则目空一切，眼中只有自己：只知道"我该怎么样"，不知"该我怎么样"；只知"我要什么"，不知"要我什么"；只知"以自我为中心"，不知"尊师敬长"。

在生活中，我们家长已经习惯了付出，从不希望得到回报与感恩。静心细想，这是"美丽"的错误，这会误导孩子，影响孩子的健康成长，我们应该让孩子学会感恩，时常用一颗感恩的心善待身边的一切。因为只有知道感恩的人，他的人生才会更富足、更美好。

追根溯源

孩子感恩意识淡薄，通常受以下几个因素的影响。

1. 认知因素。俗话说"知恩图报"，只有知道了国家、社会及家庭对自己的付出和关爱，才会产生报恩的意识。如果意识不到别人的付出，怎么可能产生感恩之心呢？

2. 要有亲身体验。光知道父母给我吃，给我用，如果体验不到关怀和爱等情感，认为那就是父母的义务，也不会产生感恩的心。

3. 感恩的想法是否受到过鼓励。许多小孩子向父母表示"您辛

苦了"的时候，父母往往说"你把书读好就行了""孩子你不用这样"……这就把孩子自发的感恩之心给扼杀掉了。有些家长的做法值得提倡，他们会说："孩子，你能有这样的想法很好。"

4.家庭和社会氛围的影响。做父母的如果不关心和感激上一代人，孩子就会模仿父母。现在社会上某些人宣扬"做生意就不要动感情""动什么别动感情""人不为己，天诛地灭"等这些观念都影响着感恩之心的形成。雷锋时代懂感恩的人比现在多，因为他们亲身经历了从不幸福到幸福的变化。而当代人生活经历简单，从小很顺利，感恩之情就不深。应该说，感恩之心是人的自然属性，人是有感情的动物。但后天不恰当的经历也会抑制人的感恩天性的发展，比如做好事却惹来了麻烦，或者回报太少，人们再次表示关爱时就会大打折扣。

那么如何教育孩子学会感恩呢？

献计献策

一、从唤醒孩子感恩的心灵入手，让孩子知晓感恩

如今的家庭大都只有一个孩子，有的家庭中其父母也都是独生子女，这样一来这个孩子就更成了"众星捧月"。一个孩子对于家人来说都是宝，他们希望孩子吃好的、穿好的、玩好的。自然而然地家中好吃的、好玩的东西就刻意地留给孩子。孩子偶尔想与父母分享，有些父母却在感动之余，常常说："好孩子，爸妈不喜欢吃也不喜欢玩，你留着自己吃，自己玩吧。"长此下去，养成了孩子对现有的条件不珍惜，只顾一味地索取。这样的环境下长大的孩子，他们对父母的爱已习以为常，把一切都看作是理所当然的。父母的这种做法在无形中强化了孩子的独享意识，不懂得这份爱中的伟大，不懂得这份爱中的艰辛，怎能学会感恩呢？因此，父母是孩子学会感恩的第一责任人。转变家庭教育的观念，唤醒孩子感恩的心灵，变溺爱为"理爱"，变包办为引领，变无私为有私。告诉孩子爱是相互的，在接受父母或别人的爱时，也要回报爱，这样爱才会持久，才会让我们感受到更大的幸福。从而让孩子树立一种责任意识，让他们心中能时刻想到他人，这样对别人、对环境就会少一分挑剔，而多一分欣赏。带着欣赏、愉悦的心情去生活，有助于孩子健康、快乐地成长。

二、从培养孩子的孝心入手，让孩子懂得感恩

有孝心的孩子才会有感恩心。因此，父母应从孩子容易做到的事情入手，培养孩子孝敬父母的行为习惯。教育子女孝敬父母的一般要求是：听从父母教导，关心父母健康，分担父母忧虑，力所能及地参与家务劳动。要把这些要求变为孩子的实际行动，就应当从日常小事抓起。如要求孩子每天问候下班回家的父母，哪怕是叫一声父母，或是送上一杯水都行；当父母外出时，孩子应询问父母自己应该怎样做才让父母更放心，能提醒父母注意安全就更好了；孩子应承担必须完成的家务劳动。让孩子不断增强孝敬父母的观念，让他知道父母养育了他，他应为父母多做事。同时，也要让孩子知道，不惹父母生气，也是一种孝敬父母的表现。父母还要经常给孩子讲讲自己一天的情况，比如起床、做饭、洗衣服、整理家务、上班等，让孩子体会到父母是怎样关心孩子的。如孩子生病了，父母怎样心疼，怎样整夜地不睡觉护理孩子……细节最能感染人。知恩才能感恩，感恩才能报恩。

让孩子成为优秀在校生

三、用美德故事对孩子进行感恩教育

中华民族自古就有"感恩"的传统美德。"谁言寸草心，报得三春晖""滴水之恩，当涌泉相报""恩欲报，怨欲忘。抱怨短，报恩长"……这些经典诗句，反映了古人对感恩的认同。美国的罗斯福总统就常怀感恩之心。据说有一次罗斯福家里失盗，被偷去了许多东西，一位朋友闻讯后，忙写信安慰他。罗斯福在回信中写道："亲爱的朋友，谢谢你来信安慰我，我现在很好，感谢上帝。因为：第一，贼偷去的是我的东西，而没有伤害我的生命；第二，贼只偷去我部分东西，而不是全部；第三，最值得庆幸的是，做贼的是他，而不是我。"对任何一个人来说，失盗绝对是不幸的事，而罗斯福却找出了感恩的三条理由。家长若从孩子懂事起就用这些感恩的美德故事来教育孩子，孩子就会沐浴在感恩的阳光中，从而学会感恩。

四、以身作则，做孩子感恩的楷模

有这样一则公益广告：一位刚下班的年轻妈妈，忙完了家务，又端水给老人洗脚，老人对她说："孩子，歇会儿吧！别累坏了身子。"她笑笑说："妈，不累。"年轻妈妈的言行举止被只有三四岁的儿子看到了，儿子一声不响地端来一盆水，年幼的儿子吃力地端着那盆水，摇摇晃晃地向妈妈走来，盆里的水溅了出来，溅了孩子一身，可孩子仍是一脸的灿烂，把水放在母亲的脚下，为母亲洗起了脚。……旁白："父母是孩子最好的老师。"是啊，孝心就是这样养成的，就是这样传递的。因此，要想培养孩子的孝心，父母首先要以身作则，做孝敬长辈的楷模，因为"身教重于言教"。同时，在家庭生活中，夫妻之间也要互相尊重、关爱和体贴，既要共同承担家庭的责任和义务，又要共同分享家庭的利益，相互间要多用"好""谢谢""对不起"等语言。如此，天长日久，孩子耳濡目染，也会逐步养成尊敬长辈的好习惯。

五、指导孩子感恩亲近的人

从孩子懂事起，家长就要根据孩子的年龄特点，经常有意识地指导孩子参与一些感恩的活动。如：每年孩子过生日时，家长可以带孩子到医院去看望当年的产科医生，感谢他们将孩子带到这个世界上，是他们高明的医术迎来了孩子的第一声啼哭。

孩子上学以后，会参加各类比赛、会获得奖状或奖杯，每当孩子取得好成绩时，家长要首先提醒孩子：无论取得什么样的荣誉，都离不开你身边的老师、同学的支持。每年的教师节，家长可提醒孩子想想曾经教过自己的老师，并给老师送上一份小小的礼物，教育孩子要永远记住自己的老师。长此以往，孩子从小就学会了感恩，并喜欢与周围人分享自己的快乐。

六、引导孩子感恩所有的人

引导孩子学会在生活中如何尊重他人、关心他人。无论是与家人相处，还是与伙伴交往，都不以自己为中心，绝不能做损害他人利益的事情。在正常的人际交往中，要乐于助人，时刻不能忘记感恩。感激身边的世界，感激所有帮助过我们、支持过我们、鼓励过我们的人；感激所有打击过我们、批评过我们、为我们设置过障碍的人；感激那些曾经瞧不起我们、伤害过我们的人。时常要想到、提起自己最感谢的人或事，学会赞美他人与保持微笑，缩短人与人之间的距离，通过彼此互动，来培养感恩之心。

 让孩子成为优秀在校生

培养孩子的责任心

（一）一个冬天的早晨，雪下得很大。我在马路边见到一名小学高年级的女生，她坐在路边草坪的护栏上，伸着腿，一手叉着腰，一手指着马路上正在为她叫出租车的父亲喊着："快一点！你要是叫不着车，我迟到了怎么办？"只见她那可怜的爸爸，一手抱着女儿的书包，一手不停地挥动……

（二）一群美国中小学生利用假期到中国生活了几天，他们吃住在中国人家里。戴瑞是最小的一个，刚满11岁，她给中国学生印象最深的是那个与她年龄不相称的大背包。一天，游天坛公园时，同行的一名中国学生想帮助她，便走过去对戴瑞说："我帮你背包吧！"不料戴瑞睁大双眼，疑惑不解但又彬彬有礼地说："谢谢你！自己的东西应该自己拿呀！"其实戴瑞的兄长们就在她身边，而且他们各自背的包要轻巧得

多。一位中国记者问戴瑞："外出都是自己拿东西吗？"她微笑着点点头。这天，她背着足足有五公斤重的包，但仍玩得很开心。

责任心是一个人对他所承担的任务的自觉态度，包括对自己的责任、对他人的责任、对集体的责任和对社会的责任。责任心不像知识、技能和能力那样明晰可见，但它是能力发展的催化剂。一个对自己有责任心的孩子，自觉水平高，让家长省心；一个对他人有责任心的孩子，亲善行为多，让家长宽心；一个对集体和社会有责任心的孩子，人小志气大，让家长放心。因此，有责任心的孩子表现出很多优点：自觉、自爱、自立、自强。可以说，责任心是一个人走向成功和幸福人生的必备条件之一，而缺乏责任心的人往往与成功无缘，与幸福擦肩。

缺少责任心的孩子，往往对很多事物都采取"事不关己，高高挂起"的态度。比如，父母生病了，他不会问候而照样玩得开心；父母没回家，他任家里冷锅冷灶从未想过做饭；他记不住父母的生日，不会帮助父母接待客人；不会过问邻居家生病的小孩，更不会把自己的压岁钱捐赠灾区……一切都以自己为中心，只讲自己吃好、穿好、玩好。长此以往，会形成自私、冷漠、专横和孤独的性格，更谈不上事业的成功了。

哪些不适当的做法会扼杀孩子的责任心呢？

 追根溯源

一、破坏性的批评

当一个孩子一件事没做好时，家长进行破坏性的批评，甚至全盘否定孩子，会令孩子觉得很痛苦，他会发现负责任等于要忍受痛苦。作为

一个男孩,如果他的潜意识里认为负责任等于忍受痛苦,那他将来不可能成为一个好丈夫;作为一个女孩,如果她的潜意识里认为负责任等于忍受痛苦,那么她将来怎么能照顾好她的孩子?破坏性的批评会导致这些恶果,最后,便会扼杀孩子勇于担当的勇气。

儿童心理学家列举出一些容易使孩子产生痛苦情结的破坏性的话语,家长要注意避免使用。

侮辱——你简直是个饭桶!垃圾!废物!

非难——叫你不要做,你还要做,真是不可救药!

压制——不要强词夺理,我不会听你狡辩。

强迫——我说不行就不行,还敢顶嘴!

威胁——你再不学好,妈妈(爸爸)就不爱你了!滚出去!

二、过分严厉,使孩子怕失败、怕惩罚而不敢负责

"你必须把这首诗背出来,否则不许吃饭!" "你必须考到钢琴×级,否则太丢人了!" ……现实生活中,尤其是在孩子达不到要求时,家长往往会对其进行类似的严厉呵责甚至各种惩罚,久而久之,孩子就不敢负责任了,因为他感觉负不起责任。

三、对孩子不信任,越俎代庖,使孩子产生依赖感

在中国,许多父母沉迷于盲目宠爱,认为孩子小,处处不放心,喂孩子吃饭,帮孩子穿衣,帮孩子洗脸,什么都不让孩子动手,殊不知这种痴情的爱子方式,会使孩子养成依赖性心理,对于孩子的成长毫无益处。

四、家长的负面榜样作用

孩子是否负责任,父母的言谈举止对他的影响是最重要的。有些家长遇到困难绕道而行、该承担时选择逃避的做法会在不知不觉中传染给孩子,让孩子无形中缺少应有的责任心。

那么,应该怎样培养孩子的责任心呢?

 献计献策

一、让孩子从小就意识到拥有责任心的必要性

培养孩子的责任心宜早不宜晚。在孩子小的时候,家长就应该有意识地讲一些拥有责任心的名人的事例,如周恩来"为中华之崛起而读书",鲁迅"横眉冷对千夫指,俯首甘为孺子牛"……或者引导孩子阅读相关的故事,以此让孩子从小就意识到每一个人都应该拥有一颗责任心。

二、父母要给孩子树立一个好榜样

家庭生活的各方面因素都会对孩子起到潜移默化的作用,特别是父母的所作所为对孩子的影响更为深刻。老一辈革命家恽代英就曾指出,"潜移默化四字在教育中为最高法门,家庭教育尤应以此为主要手段。"父母是孩子的第一任老师,父母的习惯对孩子的影响,不仅指孩子对父母的行为进行模仿,更重要的是父母的习惯会潜移默化地影响孩子的观念。一个对孩子、长辈、爱人、家庭、社会毫无责任感的家长,

即使想教育孩子做事要有责任心，孩子也会不以为然，甚至很不服气。所以说，父母只有在生活中严于律己，给孩子做好表率，才能更好地去影响和教育孩子。父母无论做什么事都要有高度的责任心，从我做起，追求高品位的目标和情趣，这时，"教"也就在其中了。否则，孩子的责任心很难培养。因此，以身作则，是家庭教育中的关键。

比如说过生日，对父母来说，最好的办法是，认认真真地给老人过生日，而不是给孩子过生日。你牢牢地记住自己母亲的生日，你的孩子就会牢牢地记住你的生日；你希望自己有个幸福的晚年，你就应善待你的父母，你的长辈。

三、从小抓起，及早培养孩子的责任心

"从小抓起"有两个含义，一个是指要从孩子年龄较小的时候就注意责任心的培养；另一个是指培养孩子的责任心要从生活中的小事抓起。孩子责任心的培养宜早不宜迟，因为孩子的责任心不是与生俱来的，更不是长大就自然会有的，需要从小培养。我们不能等到孩子长大以后的某一天，突然要求孩子要对自己的事情负责任，这时孩子一定会觉得很茫然，因为一直以来所有的责任都是由大人承担的，他已经习惯成自然了，想改变也很困难了。

举一个例子来说。孩子玩了玩具后不会收拾玩具这件事，恐怕是家长们最头疼的问题。我记得我的孩子三岁的时候，总爱找各种借口为自己辩护，推卸责任。玩完玩具，我让她收拾，她说："一会儿我还玩呢。"过了一会儿，我再让她收拾，她就说："我累了，想休息。"但后来我慢慢引导她，有时跟她一起收拾玩具，收完后表扬她，她特别开心。家长经常这样做，时间久了，习惯成了自然，玩了玩具后孩子便会马上收拾好。可见，孩子的责任心是可以培养的。

四、孩子的事情让孩子自己做主

父母的包办行为会使孩子失去责任心，要培养孩子的责任心，父母就要锻炼孩子独立做事的能力。在漫长的人生道路上，人们会遇到许多十字路口，随时可能面临选择。选择是一种能力，这种能力是从小培养的，因为选择是建立在对自己负责的基础上的。自己的行为，就要自己负责。家长这个观念的树立，对成长中的孩子有重要的影响。我们做父母的，在对待孩子的事情上常常是"帮你没商量"，主观地为孩子做决定，却往往事与愿违。如果我们把选择的权利交给孩子，孩子就会对自己负责，就会做出让你也觉得吃惊的成绩来。

随着孩子年龄的增长，父母要逐步教导孩子自己的事情自己做。做之前提出要求，鼓励孩子独立完成。如果孩子遇到困难，家长可在语言上给予指导，但是一定不要包办代替，而是要给孩子机会把事情认真做完。两次诺贝尔奖获得者居里夫人曾对自己的女儿说："你们长大以后，要自己去谋业。我只留给你们精神财富，决不给你们留下金法郎。"在居里夫人的影响下，她的女儿后来也成了著名的科学家。

五、要舍得让孩子品尝不负责任的苦果

孩子尚处于成长之中，他对一些事情表现出没有责任感也是正常的，因为他许多时候的确不太清楚这样会对他有什么影响，所以为了培养孩子的责任感，家长可以适当地让孩子品尝一下办事情不负责任的苦果。孩子如果受到了这种后果的惩罚，他自然就会提高警惕，下次做事情的时候自然就不会再马马虎虎、草率行事了。

比如孩子上体育课忘了穿运动鞋，他打电话央求你给他送去，这时

家长就可以拒绝孩子的要求，尽管让他去挨老师的批评好了，孩子尝到了苦头之后就会多长点记性。孩子平时喜欢乱拿乱放东西，提醒他多次也不起作用，某天孩子的作业特别多，而且又急需一本参考书，可是找了半天也没有找到，家长这时不要因顾忌耽误孩子写作业而帮他找，尽管让他去费时费力地找好了，反正作业总归是要完成的。他耽误的时间越长他就只能休息得越晚，给他的教训也就会越深刻。

六、科学地种下"以天下为己任"的种子

很多父母把孩子的责任感更多地限于针对孩子自我的责任，比如听话、做作业、完成学习任务，而忽略了针对他人和社会的责任，事实上后者的培养对孩子的成长更重要、更有意义。所以，培养孩子的责任感应该从四个方面入手。

首先，教育孩子对自己负责，从小养成自强自立的习惯。

例如让孩子尽可能地自己照顾自己的衣食住行，自己的房间要自己打扫，穿脏了袜子自己去洗干净，起床后要自己整理床铺，早晚洗漱要自己来做。还要自觉完成家庭作业，信守自己的承诺，到一定年龄时打工挣自己的零花钱等，培养孩子的独立意识。

其次，教育孩子对自己的家庭负责。

父母应该让孩子认识到作为一名家庭成员，自己和父母一样有责任和义务分担家庭的所有事务和困难。家里的一些事情，无论是否与孩子直接有关，都可以让孩子发表一下意见，让孩子帮着出谋划策，对孩子提出的好建议、好想法要积极采纳并加以表扬和鼓励。家务活也要有一个明确的分工，每天爸爸应当做什么，妈妈应当做什么，孩子应当做什么，都要事先规定好。可以让孩子帮助父母打扫房间，在厨房当帮手，照管宠物，等等。所谓"勿以善小而不为"，孩子这些事情做得多了，

做习惯了，他的责任心自然也就培养起来了。

家长还可以在孩子寒暑假期间让他当一段时间的家，这期间家里大大小小的事情，只要不会给家庭带来重大的损失，都可以由孩子来做主，都可以由孩子来安排，孩子从自己当家长的经历中能够学到许多，也能够提高许多。

再次，教育孩子对集体负责。

要让孩子从小学习各类社会角色的扮演，培养其团队精神。比如引导孩子与同学友好相处、尊重和配合老师的工作、帮助老人等弱势群体解决困难等，鼓励孩子的分享行为和助人行为，促进孩子的社会化。

最后，教育孩子对社会负责，从小树立公民意识。

让孩子懂得，一个对社会有责任感并为之做出贡献的人，才是一个真正有成就的人。教育孩子遵守社会公德和秩序，鼓励孩子参加各类有益的志愿工作、义务募捐活动等，开拓和提升孩子的思想境界。

总之，责任训练应该在孩子很小的时候就开始抓起，父母通过言传身教，潜移默化地影响和培养孩子，让孩子尽早学会道德推理，促使他们发展相应的道德行为，在道德品质成熟的漫长道路上迈出重要的第一步。

 让孩子成为优秀在校生

培养孩子的交往能力

（一）王奕是小学二年级学生。他聪明大胆、活泼又有主见，深得父母的宠爱，在家就是个"小皇帝"。在与同伴交往的时候，王奕表现得也很强势，常常为了一点小事就与同伴争吵，有时甚至还对同伴拳脚相加，以使同伴臣服于他。因此，许多孩子都不愿与他交往，他的家长也很苦恼。

（二）李梅是一个乖巧的女孩子，平时在家时举止行为很正常，但就是不愿与别人说话。家里来了客人，她总是躲进屋子里不愿出来，即使让她出来，她也很胆怯。在学校里，她也从来不主动与同学说话，也不与同学玩耍；上课不敢举手发言，老师让她回答问题时，说话声音小得像蚊子声一样，下课也总一个人缩在角落里不动弹。

显然，王奕和李梅的表现都是在与人交往方面出了问题。人生活在社会中，必然要与他人发生各种各样的关系，比如每天都需要从他人那里获得信息，学习他人的经验和智能，以及沟通协调、合作完成工作等能力，这些社会关系往往在很大程度上决定着一个人的发展水平。

交往对孩子的成长、个性的形成和发展具有特殊意义。一个人的个性总是在特定的社会环境下，通过与他人的交往逐步形成的。孩子兴趣的培养、情绪和能力的发展都离不开交往。孩子只有在与同伴、成人的友好交往过程中，才能尽早学会在平等的基础上协调各种关系，正确地认识和评价自己，形成积极向上的情感。

但我们也不难发现，现在有不少孩子不善交往，不会交往，还有的孩子虽然看似会交往，但却没有交到真正的朋友。为什么会出现这种情况呢？

 追根溯源

一、交往目的欠缺

1. 外在环境限制了孩子的交往

一是随着我国独生子女家庭的常态化，多数孩子缺乏兄弟姐妹间的相处交流，缺少邻里同龄孩子一起玩耍的自然环境，这在客观上让孩子无法体验到交往的乐趣。二是家长对孩子看管过严，孩子每天上学和放学都由家长亲自接送，而且回到家后很少有允许外出的机会，孩子与别人的交往仅限于在学校里很少的课间休息时间。三是不少家长望子成龙心切，孩子大部分业余时间被各种各样的辅导班、补习班和特长班占用，使孩子根本没有时间和精力与同伴玩耍和交往。

2. 内在心理弱化了孩子的交往

一是现代科技高度发达，孩子足不出户就可以享受到电子游戏、电视和互联网带来的愉悦，这就削弱了他们与同伴间的交往欲望。二是有的家庭以孩子为中心，对孩子的各种需要几乎无条件满足，而与同伴交往，则需要协调、商量，甚至还要想办法解决冲突，相比之下，孩子为避免麻烦，就选择不与同伴交往了。三是因家庭环境、父母要求和个性特点不同，孩子的兴趣大多不同，同伴间的话题有歧义，有的孩子就产生了"别人会的我不会""同伴说的我不懂"的疏离感，从而造成了孩子对与同伴交往的心理障碍。

二、交往能力欠缺

1. 孩子个性特点的影响

有些孩子比较内向、害羞，胆量也比较小，与人交往经常感到难为情，在别人面前总感到有一种无形的压力，心里非常紧张，感到浑身都不自在；与人交谈时一说话就脸红，不太爱表现自己，不敢发表自己的意见和想法，显得十分拘谨。情境（二）中的李梅就是因为自身性格的问题而导致其过于内向，不愿与他人交往。有些孩子对自己缺乏信心，经常沉浸在己不如人的消极体验中，与他人交往时总觉得自己低人一等，害怕自己会在别人面前出丑，担心自己会受到别人的非议，于是就选择了在众人面前少开口、少表现来掩饰自己，从而养成了不善言谈、不爱交往的习惯。

2. 不良交往习惯的影响

有的孩子很"自我"，总希望别人都听他的，好事都要自己独占，处处喜欢占上风，稍不如意就乱发脾气耍态度；有的孩子攻击性比较强，喜欢欺负他人，如果有谁不听招呼就会以武力相加；有的孩子不爱关心别人,不愿帮助别人,缺乏与他人分享的意识。孩子如果在与同伴交往中经常出现这些消极的习惯和行为,即使他内心里再怎么想与别人交朋友,再怎么想拉近与别人的距离,也都是无济于事的。情境(一)中的王奕就是因为很"自我",其他孩子才不愿与他交往的。

3. 交往技巧缺乏的影响

有的孩子不知道如何与别人友好相处,要么不欢而散,要么互相攻击;有的孩子不讲究文明礼貌,不善于处理冲突和矛盾,同学之间出现一点小小的问题就会闹得不可开交;有的孩子不会主动与人交往,与人相处时始终处于被动的地位;有的孩子不懂得关心他人、帮助他人的重要,即使在别人遇到困难需要伸出援助之手的时候,也表现得无动于衷。

4. 交往受挫经历的影响

有的孩子在与同伴一起玩耍时,受到了别人的欺负,想反抗可实力又弱于别人,只好逆来顺受。有过几次这样的经历之后,孩子就会觉得与同伴交往是一件危险的事情,从而尽量采取回避交往的方式来保护自己。有的孩子与别的同伴在一起时得不到大家的喜爱,甚至遭受冷落,被人拒绝,受到排挤,就认为"大家都不喜欢我""我在这里根本就不适应",从而对与同伴交往失去了信心而表现出畏惧和退缩。

三、家庭教育欠缺

1. 家长的行为表现影响了孩子的交往

有些家长自己就不擅于与人交往,潜移默化地影响了孩子,使孩子养成了内向、孤僻的性格。有些父母喜欢给孩子贴标签,当孩子在外人面前表现得不如人愿时,家长就会说孩子"没出息""上不了台面""不会与人交往",长此以往孩子便真的认为自己的社交能力很差,从而更加不会与人交往。有些父母经常告诫孩子不要随便跟陌生人讲话,给孩子增加

了在人际交往方面的不安全感，从而影响和阻碍了与别人的正常来往。

2. 家长的干涉限制影响了孩子的交往

有些家长认为，孩子只要把学习搞好就可以了，人际交往只会使孩子劳神分心，因而不支持孩子交往；有些家长担心孩子跟别人学坏，于是对孩子所交的朋友一一筛选，本来就没有几个交往的同伴，经过筛选就更加没人可以来往了；有些家长生怕孩子早恋，对孩子的交往对象非要追问到底不可，搞得孩子十分狼狈；有些父母不喜欢孩子带同学到家里来，不是嫌弃孩子们把地面搞脏了，就是嫌弃孩子们乱翻东西，甚至是毫不留情地将孩子的同学"请"出家门。如此，孩子还怎么与人交往？

3. 父母的不当教育影响了孩子的交往

有些家长存在着功利主义思想，在孩子交往上经常灌输"交往有用的人或家庭"的观念；有的家长认为"老实人吃亏"，教育孩子"谁碰你一下，你就还他一拳"的思想。如，有两个孩子在玩耍中发生了矛盾动起了手，一方家长知道此事后，不问青红皂白，当众动手打了对方孩子一记耳光，并骂自己的孩子无用。这些，都潜移默化地影响着孩子的正常交往。

良好的人际关系会产生愉快、乐观向上的积极情感，有利于孩子的身心发展。明智的家长如何引导孩子建立良好的人际关系，与他人和谐相处呢？

 献计献策

一、营造一个和谐健康的家庭氛围

家庭作为孩子生活居住的第一场所，为孩子提供了最初的交往环境与需要。良好的家庭氛围容易让孩子产生交往的兴趣和需要，而父母对孩子交往需要的满足则更强化了孩子的这种兴趣，让孩子从小就乐于与人交往，与人沟通，表达自己的意愿和想法。要想让孩子有一个和谐健康的人际交往关系，家长就必须为孩子创造一个和谐健康的家庭环境。父母作为孩子的第一任老师，在很多方面对孩子有潜移默化的影响，孩子的模仿能力很强，常常把父母的一些语言、行为、习惯带入自己的生活中。家庭成员之间应尽量避免在孩子面前发生争执，因为这种争执的局面，不仅会让孩子感到紧张、恐慌，还会使孩子在不知不觉中学到一些负面的交往方式，如恶语攻击对方、动手攻击对方等。

二、帮助孩子多交朋友

交朋友，是孩子认识社会、消除孤独的需要。一个孩子如果不会交朋友，那么这个孩子就会变得很孤独，很难与人沟通，很难适应社会。首先，家长应尽可能地为孩子打开生活空间，让孩子走出家门，广交朋友。可以经常去孩子同学家或有孩子的朋友家串门，让孩子学习一些社交礼仪和规矩，体会交往的乐趣；也可以请他们来家里玩，锻炼培养孩子热情待客的习惯和善待别人的品性。在为孩子创设交往氛围的过程中，孩子会不知不觉提高交往能力，获得同伴的友谊。其次，鼓励孩子多参加集体活动。孩子进入了学校，便开始有了与同龄人交往、沟通的强烈愿望，而集体生活则成为他们进行交往的有利机会。因此，父母要让孩子积极参加集体活动，增强孩子的集体观念。要积极创造条件，鼓励孩子参加各种集体活动和有益的社会活动、公益活动等，让他们在集体活动中养成团结友爱、助人为乐的品质。

让孩子成为优秀在校生

三、帮助孩子提高交往技能

1. 让孩子做到平等交往

家长要摒弃功利思想,让孩子做到平等交往,尊重和理解所交往的同伴,而不能将朋友分为三六九等,或是有用就交往、无用就疏远。

2. 家长要指导孩子学会沟通交往的技能和本领

一是教孩子悦纳他人,用欣赏的眼光去发现同伴的闪光点,多站在对方的立场、多从对方的角度考虑问题,多体谅和宽容他人。二是教孩子学会赞美和感谢,要引导孩子对别人的帮助表示真诚的感谢和赞美。

3. 家长要指导孩子学会自己解决冲突

交往中遇到矛盾是不可避免的,而善于解决交往中出现的矛盾,是高水平的合作与交往能力的标志。法国心理学家高顿教授通过一项专题研究证实,那些在儿童时代难以接受批评的孩子,长大后也大多会对批评持"厌恶"或干脆"抗拒"的消极态度。因此,当孩子跟同龄人交往时,遇到矛盾与问题,应该让孩子迎着问题去主动交涉。打架、争吵是孩子交往中不可避免的问题,家长不能以自身的好恶、道德观来判断孩子间的是非、对错,切忌以"不吃亏"教育孩子,甚至强行干涉孩子,而不让他们继续交往。当孩子之间发生争吵时,家长一定不要大惊小怪,而应引导孩子正确认识交往中的各种矛盾,让孩子"独自"学会如何面对交往上的小问题,教给孩子一些正确的交往方法,如分享、交换、轮流、协商、合作等,让孩子学着自己解决问题;同时,家长还可以适时公正地加以引导,培养孩子勇于改错的精神,能原谅他人,在交往中,能互相帮助,具有同情心。

四、指导孩子恰当进行异性交往

作为家长，要以一颗平常心正确对待孩子的异性交往，理解并帮助孩子排解生理成熟与心理不成熟的发展不同步所带来的异性交往及早恋中的各种困惑，引导孩子向正确的方向发展。

1. 把握"自然"和"适度"原则

自然，就是要像对待同性同学那样对待异性同学，像进行同性交往那样进行异性交往。适度，就是指导孩子与异性交往的程度和交往的方式要为大多数人所接受。

2. 正确处理异性交往问题

一是要留有余地。在异性交往中，所言所行要留有余地，敏感话题要回避，身体接触要有分寸，既不能过于轻浮，也不要过分拘谨等。特别是在与某个异性的长期交往中，要注意把握好双方关系的程度，不要走得"太近"，以免超越正常异性交往界限。二是要广泛交往，了解更多的异性，对异性有总体把握，尽量避免个别接触。

3. 走出"早恋"的误区

可以告诉孩子对异性有好感，就正如树要发芽、长枝、开花、结果一样正常，不要对这种自然情感产生犯罪感；不要因为家庭、学校给自己的温暖较少，而寻找所谓的抚慰，轻易随便地表达情感，博取异性关注。同时，要教育孩子尊重自己的情感，不要随意滥用；尊重自己，不要做出伤害自己和他人的行为；要慎重平衡中学阶段学业和情感的关系。家长在对待异性关系时，一是要理解并尊重孩子的情感变化，不给孩子扣上各种消极的帽子；二是要在青春期给孩子必要的人生指导，而不是用棍棒、打骂和威胁等手段，避免给孩子造成心灵伤害。

 让孩子成为优秀在校生

培养孩子的宽容心

 情境扫描

  学校要举行跳绳比赛了,孩子们争分夺秒抓紧练习。一下课,有的孩子就在走廊上跳起绳来。其中一个男孩子和一个女孩子由于相距比较近,男孩子的绳子甩在了女孩子的身上。女孩子认为他是故意甩的,也把自己的绳子甩了过去,两人你来我往,结果绳子一下甩在女孩子的脸上,甩出了血痕。等老师知道后,两人已大战结束,一个在座位上哇哇大哭,一个呆呆地坐在座位上。

  孩子的宽容心是一种非常珍贵的品质,这种品质对于孩子个性的健康发展,尤其是情感的健康发展,以及对于孩子良好人际关系的建立都有着非常重要的意义。富有宽容心的孩子往往心地善良,性情温和,惹人喜爱,受人拥护。他可以将心中的爱悄悄地蔓延开来,让幼小的心灵深植爱的花朵。他可以把真诚和关怀相融于生活中,不会因为彼此间的

误会或者错误而争吵；取而代之的是同伴间相互的关爱、亲人间真诚的关怀，是宽容的谅解和诚实地面对。而事实上，只有孩子学会了宽容，才会赢得朋友，才会真正体会到生活的快乐与美好。

可是，人与人之间的相处，融洽中有摩擦，欢笑中有矛盾，孩子们当然也不例外。教室里无意间的碰撞会导致矛盾，孩子之间因为各种各样的原因会发生摩擦，校园里玩耍时会起冲突，等等。如果孩子不能正确地对待这些，恐怕与之能和睦相处的人就会越来越少，轻则影响人际关系，重则影响其性格。

那么，到底是什么原因导致孩子没有宽容心呢？

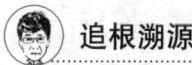

追根溯源

一、家庭环境的影响

现代社会许多家庭都是独生子女家庭，家长们过于娇惯孩子，往往把所有的关爱都放在孩子身上，导致孩子遇事常常以自我为中心，不考虑别人的处境；疑心重，别人不按他的要求办，就认为是伤害了自己；有的家庭由于父母关系紧张，孩子缺乏安全感，别人无意中碰了他一下，他就认为是别人有意要欺负自己，会对自己造成伤害，反应很强烈。出现这种情况，说明孩子的独立性发展得较差，缺乏必备的环境适应能力和解决问题的能力，上述情境中的女孩就属于这种情况。

二、孩子自身思维特点的影响

孩子独特的思维特点会导致对同伴过于挑剔，缺乏宽容心。在童年时期，孩子的思维具有特有的自我中心化特点，这种思维方式使孩子在

 让孩子成为优秀在校生

考虑问题时经常从自我的角度出发,而不善于站在别人的观点和立场上想问题。在很多时候,孩子往往只知道维护自己的利益,而不能宽容他人的过失。正是孩子的这种自我中心化的思维特点,使他们在与同伴的交往中,多了一份计较,少了一份宽容。

三、家长对孩子自我意识的负面强化

家长对孩子的影响力是毋庸置疑的,家长的负面强化往往也加剧了孩子对同伴的"计较"程度。不少家长总怕自己的孩子吃亏,如果自己的孩子和同伴发生冲突,或是自己的孩子被同伴"欺负"时,很多家长则会教育孩子进行"反击",有些家长甚至亲自出面,当着自己孩子的面"教训"冲突的另一方。若是长期处在这样的熏陶中,孩子就更加不会站在他人的立场考虑问题,不能宽容别人。

怎样才能让孩子拥有一颗宽容的心呢?

 献计献策

一、家长要注意自身的修养

曾经在《读者》上读过一则发生在澳大利亚一个度假村的故事。

有一天,作者在大厅里突然看见一位满脸歉意的工作人员,正在安慰一个大约四岁的西方小孩儿,饱受惊吓的小孩儿已经哭得筋疲力尽了。问明原因之后,她才知道,原来那天活动的小孩儿较多,这位工作人员一时疏忽,在儿童的网球课结束后,少算了一位,将这个小孩儿留在了网球场。等她发现人数不对时,才赶快跑回网球场将这个小孩儿带

回来。小孩儿因为一人留在偏远的网球场，饱受惊吓，哭得涕泪横流。

　　这时孩子的家长看见了自己哭得很伤心的小孩儿，她先是蹲下来安慰了几句，接着就理性地告诉他："已经没事了。那位姐姐因为找不到你而非常紧张难过。她不是故意的，现在你必须亲亲那位姐姐的脸颊，安慰她一下！"

　　当时只见那位四岁的小孩儿踮起脚尖，亲了亲蹲在他身旁的工作人员的脸颊，并且轻轻地告诉她："不要害怕，已经没事了。"

　　试想，如果你是这位妈妈，你会怎么做？是痛骂那位工作人员一顿，还是直接向主管抗议，或是很生气地带小孩离开，再也不参加"儿童俱乐部"了？毋庸置疑，做父母的，既可以将自己的孩子培养成胸怀广阔的人，同样也可以将孩子培养成心胸狭窄的人。而父母对他人的关爱、平等、谦虚等处世原则和行为是对孩子最好的直观而生动的教育。首先要为孩子创造一个良好的家庭环境，一个整天吵闹不休的家庭，是很难培养出一个具有宽容心的孩子的；同时，避免在生活中"得理不让人"，只从自己的角度考虑问题，经常在孩子面前埋怨亲人和朋友，或隔三岔五与人发生激烈的争吵。孩子耳濡目染，会变得只要觉得自己有三分道理，就哭闹、使性子，或者要报复和惩罚别人，甚至会变成一个心胸狭窄、自私自利的人。

二、教孩子换个角度看问题

　　陶行知先生在育才学校当校长时，曾经发生过这样一件事情：一天，陶行知在校园里看到学生王友用泥巴砸自己班上的男同学，陶行知立即制止了他，并让他放学后到校长室去。

　　放学后，王友早早地来到校长室门口准备挨训。这时，陶行知走过来了，他一看到王友，就掏出一块糖果递给他，说："这是奖给你的，

让孩子成为优秀在校生

因为你按时来了,而我却迟到了。"

王友惊愕地接过糖果,目不转睛地看着陶行知。这时,陶行知又掏出一块糖果递给王友,说:"这块糖果也是奖给你的,因为当我不让你再打人的时候,你立即就住手了,这说明你很尊重我,我应该奖励你。"

王友更加惊愕了,他不知道校长到底想干什么。

这时,陶行知又掏出一块糖果放到王友的手里说:"我已经调查过了,你用泥块砸那些男生,是因为他们不守游戏规则,欺负女生。你砸他们证明你很正直善良,并且有跟坏人做斗争的勇气,应该奖励。"

王友听了非常感动,他失声叫了起来:"校长,你打我吧,我砸的不是坏人,而是自己的同学呀!"

陶行知满意地笑了,又掏出一块糖果递给王友,说:"你能正确地认识错误,这块糖果值得奖励给你。现在我已经没有糖果了,你也可以回去了。"

陶行知的教育让王友明白了:不管在什么时候,都要换个角度想问题。

可见,父母应该善于教孩子学会从别人的角度来看待问题,指导孩子把自己置于别人的位置,设身处地站在别人的角度来思考问题。教育孩子:遇到冲突经常问自己"要是我处在这种情况下,我会怎么想?又会怎么做?""我现在应该为他做点什么,他的心里才会感觉好受一些?"俗话说得好,"要想公道,打个颠倒"。父母如果善于抓住教育契机引导孩子,让孩子能够看到问题的另一面,慢慢地,宽容的理念就会融入他的品格之中。

三、引导孩子正确看待别人的缺点

父母应注意不要在孩子面前以自己的眼光议论其他同学的缺点,这样容易让孩子对其他同学过于挑剔。相反，父母要尽可能表扬其他同学的优点，让孩子明白每个人都是有优点的。要让孩子知道，金无足赤，人无完人，有缺点和不足乃是人性的必然。和同学相交，和朋友相处，完全没有必要求全责备，因为每一个人都难免有缺点，难免有做错事的时候，我们没有必要事事计较，事事都摆个公平合理。让孩子明白每个人都是有优点的，不要使自己的孩子产生一种以己为中心的思想，这非常不利于造就孩子宽容的心胸。

父母尤其不要对某些人或事物有偏见，更不要把这些偏见在孩子面前表露出来，从而让孩子在潜意识里也受到这种偏见的影响，而对这些人或事物有偏激的看法。当孩子的小伙伴来自己家里时，父母对他们的态度不要过分冷落，也不要过分热情，尤其要教育孩子尊重小伙伴，让孩子平等地与人交往。

四、鼓励孩子学会融于集体

常听家长感慨：孩子在家里非常安静、守规矩，邻里也经常夸孩子有礼貌，可是和同学怎么就处不好关系呢？其实，这常常是缘于孩子缺少一颗宽容心。宽容之心是在交往活动中慢慢培养起来的，孩子只有与人交往，身在集体之中，才会暴露出这样或那样的缺点，犯或大或小的错误。而只有学会容忍别人的缺点和错误，才能与人正常交往，友好相处。也只有通过交往，孩子才体会到宽容的意义，体验宽容带来的快乐。如称赞别人的优点，庆贺同伴的成功，帮助有困难的小朋友，采纳别人的合理建议等，这些都能使孩子得到友谊，分享别人的成功并使自己也获得进步。

孩子与同伴交往的过程中，父母要特别注意引导孩子不嫉妒比自己强的同伴，不嘲弄比自己"差"的同伴，不故意为难自己的竞争对手，

让孩子向好同伴学习,帮助"差"同伴,学会与竞争对手合作。

当然,还要注意宽容与懦弱的区别,二者有很多相似之处。在行为表现上为退让、回避,在本质上却有很多的不同。首先,对当事人来说,自信的人更容易宽容,能够正确看待别人的错误;自卑的人就有些软弱。其次,对对方来说,如果是无心之错,需要我们宽容;如果是故意的伤害,需要我们理直气壮地据理力争,这需要我们做出正确的判断。在人际交往中,有一些原则要坚持到底,这些原则是尊重对方,而不做无原则让步;宽容,得理也让人,但要有主见,不可先入为主,也不可轻信某一人;若交往对方对你不礼貌、不尊重,不要太计较,必要时可义正词严,也可幽默豁达进行辩驳,但绝不可显得软弱可欺,要自信自强。宽容不是懦弱,不是盲从,不是人云亦云,这一点必须要向孩子讲清楚。必须让孩子知道宽容是明辨是非之后对同学、朋友的忍让,而不是对坏人坏事的妥协,对坏人和得寸进尺的人是没有必要宽容的。

培养孩子与人合作的能力

情境扫描

许多孩子在家里活泼好动，跟爸爸妈妈在一起总说个不停，也玩个不停，但走到外面却变得特文静，而且不会跟其他孩子玩，人家跟他说话他也是一问三不答。在对十至十三岁孩子的调查中发现，有60%的孩子在与同伴交往中存在胆怯、任性、孤独的问题，还有40%的孩子在家里就存在不愿和大人说话，更不愿与家长共同完成某件事情的问题。在学校里也经常出现这种情况，有的孩子，老师让同学们以小组为单位进行合作学习时，他充耳不闻，仍然我行我素；老师让同学们自己选择伙伴进行分组实验，其他同学都很快找到自己合作的伙伴，可他依然沉默寡言地坐在那里。

合作是指两个或两个以上的个体为了共同目标而自愿地结合在一起，通过相互之间的言语行为的配合和协调而实现共同目标，最终个人

利益也获得满足的一种社会交往活动。合作,作为一种社会交往活动,是协调人际关系、立足社会、适应发展的一种重要手段。它同时也是自主学习的一种表现形式。

合作学习的过程是孩子质疑解难、发展思维的过程。在合作学习的过程中,孩子充分发表自己的见解,并对别人的意见发表自己的看法或修正意见,是学习者之间互相学习、取长补短、共同进步的最好机会。

 追根溯源

孩子不愿意和别人合作的原因很多,大致有以下四点。

1. 孩子的性格内向

这类孩子常常表现得比较安静、胆小,对新事物适应缓慢。如别人与他主动打招呼,他却视而不见。这类孩子不太爱表现自己,在社交场合显得比较拘谨,与别人打交道时很少采取主动态度,不善于与别人进行有效的沟通交流。常常给人一种呆板、乏味的感觉。大家觉得跟他在一起没有多大意思,因此都不太愿意与其相处,而别人的这些做法可能会给性格内向的孩子造成极大的挫折感,使他们的社会交往更加困难。

2. 缺乏合作的意识

这类孩子普遍存在"自我中心"的倾向,他们在考虑问题时习惯从对自己得失的角度出发,对自己有好处的事情比较愿意去做,而要让他们为别人付出些什么往往就比较困难。孩子的这种倾向将影响到他们与同龄伙伴的正常交往,因为这些孩子不能善解人意,不爱关心别人,不愿帮助别人,不懂得分享,不会与他人合作,很难给人留下好的印象,很难受到同学们的欢迎。

3. 受家长错误导向的影响

有些家长对孩子过分疼爱，总怕孩子和别人在一起时会吃亏受委屈。这种情绪感染到孩子，就会使他们总是怀疑别人，因此不敢和别人交往。也有些家长对孩子在交流合作过程中出现的一些不恰当的习惯和行为（比如说话尖酸刻薄，喜欢卖弄或炫耀自己，瞧不起比自己差的同学，自私自利不愿帮助他人，凡事喜欢占上风，做事时喜欢斤斤计较等）没有做出必要的修正与规范；没有明确告诉孩子在交友中哪些事情应当做，哪些事情不应当做；没有教给孩子与人交往的礼貌用语和让孩子学着控制自己的脾气；没有培养孩子诚实守信的良好品质和谦虚有礼的行为方式；没有让孩子学会忍让和宽容，孩子与别人的交流合作就会产生困难。

4. 缺乏合作的方法

当今的孩子，由于大多数是独生子女，生活在"四二一"的模式里，受自我中心意识的影响，在与人交往的过程中，孩子可能不会在需要合作的情境下，自发地表现出合作行为；也可能手足无措，并不知道怎样才能与其他人进行有效的合作。例如，与他人怎样建立信任？如何正确清晰地与其他人交流？如何解决冲突？孩子的迷惘来自于家长对其社会交际技能训练的不重视。

 献计献策

一、教给孩子挑战内向性格的方法

我们常说，每一片叶子都是不一样的。其实，性格内向不是孩子的错。但这种性格会造成孩子与人合作交往上的困难，因此，我们要尽量改变孩子的这种性格。

1. 旁敲侧击法。有时候，直接跟孩子讲道理（如"胆小不好，你要胆大点啊"等等）孩子是听不进去的，也难以奏效。不如用"回忆童年"的旁敲侧击法，故意给他编自己的"童年故事"，"父母小时候胆子比你还小，见谁都怕，这个不敢，那个不敢……"孩子一听原来父母小时候比自己还胆小怕羞。这样孩子就会觉得自己比父母强，从而给自己增强信心。用比他更"差"的虚拟故事作对比，可以比出自信和骄傲。

2. 无人之境法。带孩子到人多、热闹的地方大声朗读，如果孩子怕，就先到人较少的地方。如到路边的草坪或公园里，坐下来拿出孩子喜爱的书，轮流大声地朗读。每天坚持十分钟，开始孩子可能很害怕，但如果能坚持一个月，相信会渐渐克服怕生、胆小的弱点，不管身边是否人来人往，都会如入无人之境。

3. 鼓励尊重法。不管大事小事，都要尽量对孩子给予肯定和鼓励。只要孩子取得一点成绩，父母就要及时表扬和鼓励，让孩子尽情地享受成功的喜悦。有时孩子怀疑自己的能力，父母就要安慰孩子说："没关系，不要担心，你可以办到的，你要相信自己，你有这个能力。"甚至说："放心，绝对没问题，你完全可以做到，我敢保证肯定不会有任何问题。"这样一来，孩子的自信心就会增强很多，心里也踏实多了，胆子也就大多了。

另外，不管孩子做错了什么，家长都要冷静对待，在外人面前不要批评孩子，不能伤害孩子的自尊心。要注意给孩子留面子，要在意孩子的心理感受，尽可能地帮助孩子处理尴尬的局面，尽量不让孩子自尊心受到伤害。

4. 拓展交流法。增加孩子的交流机会，经常带孩子去亲戚朋友家做客，经常安排孩子与其他的小朋友一起进行游戏等。增强孩子与人交流的经验和自信，帮孩子寻找自己的特长和优点，给孩子提供更多表现自我的机会等。

孩子只有与他人交流得多了，才能更有自信心，才能更乐于与他人交流合作。因此，家长应该尽可能地为孩子打开生活空间，多给孩子鼓励，让孩子更多地与同龄伙伴进行交流合作。

二、培养孩子良好的与人交流合作的意识和习惯

一是尊重别人的意识。让孩子明白每个人的兴趣、爱好、行为习惯都不一样，不能事事都要求别人符合自己的标准。宽容、诚实待人是尊重他人的表现，也是与人交流的基础。凡事光想着自己，处处想占上风，对别人斤斤计较、要求苛刻的孩子是很难与人友好相处的。因此，教孩子学会欣赏他人，学会尊重他人，学会宽容他人，学会接纳他人，学会善待他人，对孩子的交流合作是大有裨益的。

二是宽容他人的意识。由于孩子控制行为和情绪的能力差，更需要教孩子学会克制、容忍、理解、谅解，只有这样别人才愿意和自己交流合作。家长平时要积极引导和教育孩子去珍惜友谊，与别人在一起相处，发生一些小摩擦和不愉快是在所难免的，不能一出现矛盾就嫉恨人家，即使别人真诚道歉了也不依不饶，而要理解和谅解对方。

家长平时要教育孩子正视别人的优点和长处，能够毫不吝啬地去夸奖和赞美别人，不能一看到别人比自己强就生妒忌之心，在背后做些小动作；要注意培养孩子宽阔的胸怀，对他人的缺点要能够宽容，不要因为某人有这个缺点那个毛病，就去鄙视人家、疏远人家。

我们还应该注意：告诫孩子不能以貌取人，在孩子面前不要随便评论他的同学。孩子与同学一起活动出现矛盾时，父母不可偏向一方，应公平合理地处理，或对此不予理会，让孩子自己处理。

三、教给孩子与人交流合作的技能

孩子毕竟是孩子,他们在与人交流时难免会出现一些消极行为,比如当别人与孩子打招呼时,孩子可能不予理睬;到了一个陌生的环境,孩子也许沉默寡言;带孩子出门做客,孩子与主人家的小朋友不欢而散;别的孩子在一起玩游戏,结果只有自己的孩子不知所措……这些都是由于孩子没有掌握有效的交流手段,缺乏交流合作经验造成的,因此,家长应当适时教会孩子与他人合作。

1. 教孩子礼貌用语

父母应首先让孩子在交流中学会使用礼貌用语"请""谢谢""对不起"等,告诉孩子只有懂得礼貌的人,别人才愿意和他一起学习和玩。对孩子在与人交流合作中礼貌语言用得好的时候要及时进行鼓励表扬,强化孩子的礼貌行为,形成良好的礼貌习惯。

2. 让孩子在合作时学会忍让协商

在交往中,遇到与自己意愿相悖的事,家长应教育孩子学会忍让,与同伴友好合作,暂时克制自己的愿望,服从多数人的意见。例如,几个孩子在一起商量做什么游戏,大家都说玩扮演小动物的游戏,而自己却想玩过家家游戏,此时,就要克制自己的愿望,和同伴们一起高高兴兴地玩动物园的游戏。这样才能使交往顺利进行。再比如,搭积木或玩商店游戏前,应大家一起商量,分工合作;遇到问题时,要协商解决;当玩具或游戏材料不够用时,可相互谦让,轮流或共同使用;当同伴遇到困难时,要主动用行动、语言去帮助他;当自己遇到困难一人无法解决时,可以主动找同伴帮忙,等等。通过这些具体的合作情境,帮助孩子逐渐掌握合作的方法和策略,在合作中学会怎样更好地合作。

3. 培养孩子乐于助人的品质

孩子们在交往中常常会碰到一些困难，家长不仅要鼓励孩子自己想办法解决问题，同时还应支持孩子帮助其他的小朋友克服困难。要让孩子知道乐于助人的人会有很多的朋友。

如当同学有困难的时候主动伸出援助之手，雨雪天主动将没带雨具的同学送回家；有同学生病住院主动去医院看望；自己有好吃的东西主动拿去与朋友一起分享；自己有好看的图书主动借给其他同学翻阅等。孩子这些事情做多了，不仅自私自利的毛病可以改掉，而且也会给伙伴们留下很好的印象，在与同伴们交流合作时就会更受欢迎。

四、培养孩子多种兴趣爱好，帮助其交朋友

孩子在一起交往很多时候为的是玩得高兴，那些兴趣广泛、说话风趣、能歌善舞的孩子往往很有人缘，比较受欢迎，大家都乐意和他交往。相反，一个对什么事情都不感兴趣，没有任何特长和爱好的孩子，因为经常同大家玩不到一起去，所以总受别人的排斥，融不到伙伴们的圈子里。为了让孩子更好地与别的孩子交流合作，家长可以根据自己孩子的具体情况，让他多一些兴趣爱好，要他多学会几样东西，像唱歌、跳舞、猜谜、讲故事、打扑克、踢球等都可以。孩子的兴趣爱好广泛了，会的东西多了，他与其他的小朋友就会有更多的共同语言和互动，就会拉近彼此之间的距离，就会形成许多新的交际圈子。

总之，只要家长在日常生活中指导孩子改变内向的性格，向孩子传授交流合作的技巧，鼓励孩子平时多参加社会交往，培养孩子多方面的的兴趣并能够做到以身作则，孩子交流合作的习惯就会很快形成。

学业提升篇

　　你是否经常为孩子的学习成绩而烦恼，为怎样提升孩子的学业水平而忧心忡忡？"学业提升篇"会成为你解决问题的最佳方案。它通过十二个角度分别扫描了孩子在学习中存在的主要问题，并分析了这些问题产生的根源，最后为你提供一条科学的让孩子学业水平提升的途径。只要你了解孩子学习中存在的问题，并有针对性地从本书中找到解决这些问题的良方，相信你孩子的学业水平一定能得到大幅度的提升。

　　家长可从课前、课中、课后三个方面入手，鼓励和引导孩子多听、多记、多读、多写、多做、多问、多预习、多复习、多总结、多反思，培养孩子的学习兴趣，改善孩子的学习方法，使孩子养成良好的学习习惯。

 让孩子成为优秀在校生

培养孩子的预习习惯

（一）妈妈："小蒙，快点写作业，写完作业把明天要学的内容提前预习一下……"

小蒙："作业我在学校写完了。明天再说明天的事，我这么聪明，明天老师一讲就懂了，还用预习吗？再说预习也没什么用。"

妈妈："哟，这孩子还挺自信。不过，预习的好处你可能还没有尝到吧？"

接下来，妈妈就耐心地给小蒙讲起了预习的好处，小蒙听妈妈说得头头是道，就想试一下。结果，第二天回来就高兴地大喊："妈妈，妈妈，我今天问了老师一个问题，老师夸我是个勤于思考的好孩子，其实，那个问题是我昨天预习的时候想了半天没想通的。哈哈，今天晚上我还要预习。"

（二）小林认为暑假就是一个放松的假期，上学期的功课学完了，下学期的功课还没开始。因此养精蓄锐，快快乐乐地玩比什么都重要。所以对下学期的课程一点也没有预习。可开学的第一天，小林在学习上就有些吃力。语文课老师要求背诗，同学们由于做了预习很快就背了下来，而他只背了一半；数学课上，老师讲解二次根式等概念，由于一个暑假没预习，小林一头雾水，越听越糊涂，跟不上老师讲课的进度。小林说："一步落下，步步都跟不上。那节课我心烦意乱，毫无收获。如果我预习了，就不会出现类似问题了。"

生活中有不少孩子不会预习。每次做完作业，想预习却不知道怎样预习。例如：有的孩子拿起英语课本，随手翻几页，心想："看不懂，算了吧。""明天第一节是化学，我的化学学得太糟糕了，还是先预习化学吧！"刚拿起化学没看几眼，又想起还有数学、语文……唉！那么多学科，到底应该先预习哪门呀？只好这瞧瞧，那翻翻，时间就不知不觉过去了，最后什么也没预习好。

预习通常是指学生在老师讲授新的课程内容之前进行的一种自学行为。它的主要目的是在接受老师的授课前，对讲授的内容有一个初步的了解，可以了解下一阶段所学知识的重点和难点，从而找出自己在什么地方可能有疑难和问题，在听课的时候就会更有针对性，对更好地掌握下一步学习内容有积极的帮助。上述情境（二）就反映出孩子在预习方面存在的一些问题：不知道预习和没有掌握正确的预习方法。

追根溯源

1. 忽视预习

在预习时，有些孩子存在误区，往往认为新知识老师上课会讲的，

没有必要提前预习。小林之所以上课跟不上老师的节奏，出现听讲效果差的情况，一个重要原因，就是没有进行课前预习，老师讲什么听什么，没有重点、没有具体目标。这样就给听课带来了各种困难，知识很难做到当堂理解，从而导致学习效率低。

2. 预习方法不对

这类孩子在预习时就是随便翻翻书，预习时没有做什么笔记，没有多注意自己的薄弱学科，也没有讲究深与浅的关系。表面上是在看书，但是并没有认真地思考，总是一掠而过。

没有预习或忽视预习，没有上课前的知识和心理准备，只能"跟着老师跑"，课堂思维呆滞，下课后搞题海战术。可想而知，这样学习成绩是不会理想的。"平时从不向前看，上课只跟老师念，下课围着习题转，考完谁都不想见。"这几句顺口溜，把这类孩子的表现描述得活灵活现。

而小蒙之所以越预习劲头越来越足，就是尝到了预习的甜头。

 献计献策

预习是学习重要的一环，就预习对学习结果的影响而言，约占到30%。

预习从时间和内容上说，大致可以分为三种：一是学期预习，指开学前在假期里，把新学期的教材先自学一遍；二是阶段预习，指预习下一个阶段的学习内容，范围往往是一章或几章，需要一段比较完整的时间才能进行；三是课前预习，是在老师讲课之前，先自学下一节课要讲的新内容。这三种预习，一种比一种线条细。但是，无论哪一种形式的预习对学习效果的影响都是不言而喻的。因此，家长要让孩子明白预习有哪些好处。

1. 预习可以为上课做好知识上的准备。有些孩子学习差的根源是上课因听不懂而赶不上老师的讲课进度，而听不懂的一个重要原因是上新课时所需要运用的旧知识不会或遗忘了，由此造成了头脑中知识序列的中断。预习则能有效地接续这个"中断"，提高听课效率。

2. 预习可以提高听课的目的性和针对性。由于预习时间有限，孩子总会有一些不懂的问题等着在课堂上解决。带着问题听课自然就有了听课重点，目的性和针对性强了，注意力就更容易集中。

3. 预习可以提高记笔记的效率。经过预习以后，孩子对老师的讲课、板书等内容能迅速做出判断：哪些出自课本，哪些内容是老师补充的。从而在听课和记笔记时，就能知道重点，决定取舍，可以用更多的时间来进行思考。

4. 预习可以发展自学能力。自学能力只有在自学活动中才能发展起来，预习的过程是孩子自学的方程，孩子首次独立地接触新内容，在预习过程中，自然要经过自己阅读、思考、练习、检验等阶段。久而久之，自学的能力就形成和提高了。

可以说预习对课堂学习具有"一步先，步步先"的先导意义。那么怎样培养孩子的预习习惯呢？

一、把握培养预习习惯的最佳时机

预习习惯的培养通常是从小学三年级正式开始的。这个年龄段的孩子对学习活动的控制力明显增强，对学习活动各个环节的重要性有了一定的认识，初步具备了培养预习习惯的基本条件。因此，家长要把握住这一最佳时机，帮助孩子充分认识到预习对课堂学习活动的影响，让孩子从内心认同养成预习习惯的意义。

二、引导孩子合理控制预习时间

要做好预习，必须有一定的时间保证。许多家长认为预习的时间越长，就会学得越多，其实这是预习的误区。引导孩子预习，家长要先了解学习的流程，即：快速复习当天内容——做当天的作业——预习第二天要学的内容。每一项内容控制在半小时左右。只有引导孩子掌握学习的流程后，才能让孩子在有限的时间内提高学习效率。预习时间可根据孩子的学习情况来定，完成作业剩余时间多时，预习就可以安排得多些；时间少，预习可安排得少些。同样，家长还要引导孩子通过日预习、周预习、学期预习的方法合理安排好预习时间。

三、教给孩子合理预习的方法

1. 学期预习

新学期开始前，我们可以指导孩子进行全册预习，对新学期的学习内容做到心中有数。

（1）读目录。目录是全册书的缩影和提纲，统观目录，能帮助孩子勾勒出全册的轮廓，了解全册的学习内容，明确学习要点。

读目录有如下三种方法：

①归读法。把全册内容通读一遍，再根据目录推断学习内容，然后进行归类，并记在预习笔记本上。

②比读法。与已学的内容做比较，了解其产生和发展。例如，小学数学中"除数是两位数的除法"这一单元，它包含口算除法、笔算除法、除法应用题和常见的数量关系。孩子通过读目录可以认识到它的基础是"除数是一位数的除法"，这样寻求到了新旧问题的最短距离，就

可以重温旧知，与"除数是两位数的除法"做比较。

③析读法。抓住本册的重点章节目录进行分析，琢磨学习要点。例如，当读到数学"长方形和正方形的面积"这一单元时，让孩子提出一些疑问：什么叫作面积？常用的面积单位有哪些？长方形和正方形的面积怎样计算？周长和面积两个概念一样吗？……

（2）读内容。就是把全册的内容浏览一遍，粗略地了解一下哪些章节易学，哪些章节难学，并记在预习笔记本上。

2. 阶段预习

阶段预习的方法是粗读某一章或某一小节的内容，整理粗读提纲，对单元或小节的学习内容做到心中有数。

3. 课前预习

课前预习一般是在讲新课前的一两天进行，对下一节课要讲的内容进行细读。具体应做到如下几点：

（1）浏览教材。先将教材粗读一遍，了解教材的内容。一些有感触的地方可以做出标记，这样就增强了学习的主动性。

（2）标记重难点。预习时，在课本上初步标出重点范围，不懂的地方要打上问号，要研究的问题及时记下来。找到了重难点，听课时就会有所侧重，就会专心致志，增强了学习的针对性。

（3）回想重温。如果时间允许，可以把书合上，自己独立地回想一遍，书上讲了哪几个问题？主要思路是什么？这样做，既可以加强理解和记忆，又能起到检查预习效果的作用。

（4）适当检测。预习后，可适当地做些练习题，检查预习的效果，巩固、深化知识系统，为上新课做些必要的准备。

4. 根据学科特点进行预习

各个学科都有不同的预习内容，要结合自己的学习情况和学科特点灵活地运用不同的预习方法。比如：语文预习重在抓基础知识和阅读理

解；数学预习重在对基本概念和公式的理解；英语预习重在生词记忆、内容阅读和语法了解。试着找出重点、难点，有准备、有目的地去上课，可以大幅度提高学习成绩。

四、有"扶"有"放"，持之以恒

预习习惯的养成就是把预习变成孩子的一种自觉的行为，培养孩子的预习习惯要循序渐进。

1. 培养孩子的预习习惯家长要"扶上马，送一程"。开始阶段，因为孩子不会预习，会有草草应付的现象。此时家长要耐心，孩子可以在家长具体指导下进行预习。

一位妈妈对于指导孩子预习这样做："以前，我没有太在意孩子的预习情况，除了语文学科老师要求预习外，数学和英语孩子几乎没预习过，功课还算可以。可这学期课程比较紧，语文几乎是一天一课，数学也是马不停蹄往前赶课，孩子有些吃不消。再说，孩子秋天就该上四年级了，我觉得他应该学会怎样高效率地学习。于是我开始让孩子学着预习各门课程，诸如看看书中的内容，知识点能否看懂，自己还能提出什么问题，课后的问题或习题试试能否做出来，能不能把要学的英语课文读一读，等等，让孩子对第二天要讲的内容有一个大致的了解，不一定要孩子把书看透彻，只是知道一下内容即可。刚开始几天，我一直在旁边提醒督促他预习，慢慢地，他自己就养成了预习习惯。"

2. 该放手时就放手。开始的预习内容可以完全由家长设计，一段时间后可以让孩子参与设计，然后过渡到由孩子自主设计，使其掌握预习的要领。在孩子掌握了一定的预习方法后，逐渐减少家长帮扶的时间，由被动预习过渡到自主预习。坚持"扶放结合"的原则，能使孩子有效养成预习习惯，更能有效提高孩子的预习能力。

CHAPTER 2 学业提升篇

3. 及时表扬，树立信心。家长在检查预习情况时，只要发现孩子有点滴进步，就要及时予以表扬和鼓励，肯定他们的成绩，使他们感受到进步的喜悦，树立自信心。有一位妈妈用这样的方法教孩子预习"月份"："书上是用"一、三、五、七、八、十、腊"的方法记大月和小月的，预习时，我把我小时候用拳头记大月和小月的方法教给孩子，他饶有兴趣地握着两个小拳头，点着凸起和凹下的部位，兴致勃勃地记着大、小月。第二天中午，他高兴地给我说全班就他一个知道用拳头法记大、小月，老师还表扬他了呢！我点头赞许：'真不错，看来是尝到预习的甜头喽！''那可不，我尝到了预习的甜头。'孩子重复着我的话。"

4. 要做到持之以恒。良好的开端，等于成功的一半。孩子现在还小，还不太懂得预习的重要性，可是天天坚持下来，他就会逐渐知道预习多么重要，在课堂上会跟着老师的思路走下去，在知识的海洋里自由翱翔。好习惯一旦养成，就会让孩子受益一生！

温馨提示：

家长还应提醒孩子预习时要注意以下几个问题。

1.预习时要做到读、思、问、记同步进行。对课本内容能看懂多少就算多少，不必求全理解；对疑难问题也不必深钻，只需顺手用笔做出不同符号的标记，把没有读懂的问题记下来，作为听课的重点。但对牵涉到的已学过的知识以及估计老师讲不到的小问题，自己一定要搞懂，以消灭"拦路虎"。

2.若以前没有预习的习惯，现在想改变方法，先预习后上课，但不能一下子全面铺开，每门功课都提前预习。这样做会感到时间不够用，显得非常紧张，不能达到预习效果。因此，刚开始预习时，要先选一两门自己学起来感到吃力的学科进行预习试点，等到尝到甜头，取得经验

 让孩子成为优秀在校生

后,并在时间允许的情况下,再逐渐增加学科,直到全面铺开。

3.预习应在当天作业做完之后再进行。时间多,就多预习几门,钻得深一点;反之,就少预习几门,钻得浅一点。切不可以每天学习任务还未完成就忙着预习,打乱了正常的学习秩序。

俗话说:"授人以鱼,不如授人以渔。"只要家长把握预习习惯培养的时机,教给孩子一些合理的预习方法,持之以恒地督促孩子预习,孩子良好的预习习惯就会养成。这个习惯一旦养成,将对孩子的终身学习产生持久的影响。孩子成长的路上需要家长的帮助,家长在付出汗水的同时,也会收获更多的果实。

CHAPTER 2 学业提升篇

培养孩子的听课习惯

情境扫描

（一）晓蒙是一个爱好体育的孩子，每到下课，他都要到操场上去运动，铃声响过才慢腾腾地走进教室，有时候人进了教室，心还在操场上。再加上学习用具没有准备好，不是铅笔没有芯，就是中性笔没水了，或者找不到书，结果老师讲了半天，他还不知道老师说了些什么。这就等于45分钟课时减去了5~10分钟。在看得见的方面是如此，看不见的方面也是如此，思想开小差，一步没跟上，步步跟不上。

（二）小强上课的时候总是听一会儿，就不自觉地东瞧瞧、西看看，桌面上有什么东西都想玩，一支铅笔、一块橡皮都能让他玩上半堂课，等到被老师提醒转过神来听课时，由于没听到前面的，思维跟不上，就又去玩手边的东西。课堂作业完不成，考试成绩自然不好，为此家长很着急。孩子自己也知道上课应该认真听讲，想改掉这个坏毛病，

让孩子成为优秀在校生

可一上课就不自觉地管不住自己。

孩子上课不认真,有两种表现形式:一种是外在的,即坐不住,这种孩子在课堂上不是做小动作就是东张西望或者和别人说话,不能静下心来学习;另一种是内在的,即心猿意马,若不仔细地观察或许并不知道这孩子听课走神,但实际上他早已"身在曹营心在汉"。

听课是孩子学习的中心环节。听课的质量,直接影响学习的质量。

 追根溯源

1. 课前准备不充分

要想提高听课的效率,就要认真做好各种准备,就要心、眼、耳、手、脑、口并用。如果准备不充分,等到老师讲课的时候再找这找那,不仅会浪费课堂上宝贵的时间,而且还会打乱听课思路,晓蒙的表现就是这样。如果预习准备不充分,就不能带着问题有目的地去听课,效率自然就不会高;如果心理准备不充分,在老师上课时就缺乏一种积极进取的精神,呈现出一种无所谓的心理状态,这种心理状态必然会使课堂学习效率大大降低;如果体力准备不充分,听课时就不能保持良好的精神状态,效果自然不好。

2. 周围环境的影响

有的孩子听课极易受环境的影响。外在环境,如周围同学的影响,上课准备不充分;内在环境,如自我约束力差,思维跟不上老师的节奏。这些都能造成孩子上课容易走神,情境(二)中的小强就属于这种情况。这直接影响了其听课效率。

3. 缺乏好的听课技巧

有些孩子想认真听课,但由于听课技巧差,造成听课效率低下。如上课时不能很好地处理听课与记笔记的关系；不能正确处理好听课与自学的关系；不能处理好自己的思维速度与老师讲课速度之间的关系；不能处理好自己思考与听别人回答问题之间的关系；不能根据学科的不同选定恰当的听课方式，在听课时不能根据老师的讲课方式调整自己的听课思路，以致手忙脚乱；在听课时要么抓不住重点，要么稍微明白一点就不愿意再听老师讲课，等等。

 献计献策

一、经常叮嘱孩子做好听课前的各种准备

1．预习准备。一般来说，新知识都是在旧知识的基础上逐步增加的。实践证明，人们可以从旧知识的复习中得到新知识。所以，要学好新知识，一方面要复习好旧知识，另一方面要预习好新知识。这样带着问题有目的地去听课，学习效率才会提高。所以，作为家长应督促孩子在家中做好预习。

2．物品准备。上课前，必须准备好课本、练习本、笔记本，装好笔芯，有些课还要根据老师的布置准备好一些学具。

3．心理准备。有的孩子进了课堂，觉得老师讲课有意思时就听，没意思时就不听，或者忙于做自己喜欢的事，至于听课的效果如何总是"无所谓"。这种心理状态必然会使课堂学习的效率大大降低。而有的孩子一见老师进教室就分外高兴，总盼着上课时能向老师学点新知识，解决一些新问题，老师在他们的心目中占有很重要的地位。这种心理状态使课堂的学习效率大大提高。

4．体力准备。除了平时要积极参加体育锻炼外，还要合理安排好休息时间，保证每天有八个小时的睡眠时间，并做到早睡早起。夏天要适

让孩子成为优秀在校生

当午睡,但时间不宜过长,半小时左右即可。课间要充分利用好,要到教室外呼吸新鲜空气,做些轻微的身体活动。这样就能保持良好的精神状态去听课,效果自然会很好。

二、多措并举,尽量避免孩子上课走神

1. 孩子如果坐不住,不妨试一试以下方法:一是训练他们的耐心。让他们多做一些需要静下心来才能完成的事情,如画画、剪纸、练书法、做模型等。二是多鼓励。不论孩子上课还是做作业,只要他能做得比平时好,就要抓住机会,多加鼓励,增强他的自信心,提高他的学习兴趣,在他对学习产生一种自觉性后,顺势教育他认识到不专心听讲会造成不好的后果。三是采取奖励手段。根据他能安静学习的时间长度,制订具体学习内容,然后逐渐提高要求。开始时达到十分钟,可以奖一面红旗或发一件奖品,然后要求二十分钟,达到后再给予奖励,直到达到目的。四是要有严格的作息时间。对孩子每天睡觉、学习、娱乐、吃饭等都要有一定的安排,并保持下去,家长与孩子共同遵守,不能随孩子的意,使孩子养成遵守时间的好习惯。

2. 上课如果走神,就要搞清原因,对症下药。孩子听课走神,家长首先要搞清原因,是外在环境影响使孩子分神,还是内在因素的影响?搞清原因,便于对症下药。如果是因外在环境影响,尽量帮孩子消除;如果是内在因素,就要想法在家中训练孩子集中注意力。

(1)指导孩子制订明确的学习任务表。有了明确的学习任务,孩子学习时就有了目标和动力,才能保持一定的紧张状态,这样才能有效维持注意力,培养孩子的时间观念,让孩子的学习形成规律。当然,要求孩子学习时,时间不能太长,也不能要求孩子长时间做同一件事,因为疲劳和长时间单调的内容是孩子注意力不集中的重要原因之一。

（2）学习生活与休闲娱乐相结合。家长不要忘记休闲娱乐也是生活的一部分，在孩子完成学习任务之后，让孩子开展一些娱乐活动，既可以让孩子放松紧张的情绪，缓解学习的压力，又可以增进亲子关系。这样满足了孩子的天性需求，孩子在学习中才容易进入"心无旁骛"的状态。

三、指导孩子掌握听课的技巧

1. 从思想上重视听讲。让孩子从思想上充分认识到认真听课的重要作用。老师的分析讲解，启发点拨，不管从内容的连续性、生动性，还是从方法的系统性、灵活性，都比课后辅导详细得多，更是自己看书所不能比拟的。不仅如此，教师还能根据课堂上学生的反应，不断调整教学的进度和方式，千方百计提高课堂教学的效率。所以要让孩子从思想上重视听讲。

2. 从行动上专心听讲。指导孩子上课集中注意力，全神贯注地听老师讲课，眼睛要看老师的表情，耳朵听老师讲课的声音，头脑思考老师所讲的内容，思路应与老师保持一致。要经常向孩子强调，上课向老师学习的时间是有限的，千万不能丢掉这个宝贵的机会。如果自己在老师的启发下，有了比较好的想法，可以在笔记本上记上几笔，等下课后再去深入思考。在课堂上思路不可离开"向导"单独行动，更不能突发奇想，思想上"开小差"。课堂上"分心"、思想上"跑马"是学习的大敌。

3. 从理论上掌握如何听讲。一般老师上课会分成几大步骤：开始复习与新课有关的旧知识，接着引入新课，启发引导学生理解掌握新课的内容，最后还要概括小结一下。如果是数、理、化、英语等科目，中间可能还要进行一些必要的练习。在听课时，要明白老师每一步骤的讲课内容，积极与之配合，尽量做到与老师讲课的进度同步。另外，还

让孩子成为优秀在校生

要提醒孩子注意，在听课时，不能只从兴趣出发，对自己想听的内容认真听，对于那些理论性强、比较枯燥的内容就不认真听，这样也是不行的，因为知识是有连续性的，忽视了哪一部分都会破坏知识的系统性，降低学习效果。

4. 从实质上抓住关键听课。抓住关键听课指抓住本节课知识内容上的关键。一般而言，基本概念、基本原理和基本关系式是关键，当老师讲到这些关键内容时，学生一定要特别注意，紧抓不放。例如讲到"勾股定理"一节，一定要抓住定理的内容，证明、应用这些关键内容。

对于学科特点，不少孩子往往容易忽视，不管上什么学科的课，总是"听、记、想"。要善于抓住不同学科的不同特点。例如，生物课经常使用实物模型、标本和挂图进行教学；物理和化学课，则经常要做演示实验和分组实验来认识物质的物理性质和化学性质。因此，在上生物、物理、化学课时要特别注意观察和实验，并在获得感性知识的基础上，进一步通过思考来掌握科学的概念和规律。代数是通过运算种类的增加和数域的扩大展开的，几何是通过由简单图形到复杂图形的认识逐步深入的，学习时就要抓住知识发展脉络，通过大量演算、证明等练习，获得数学知识，培养数学思维能力。语文和外语课就完全不同了，主要学习字、词、句等基本知识，并通过听、说、读、写来提高阅读和写作能力，以便更好地理解和掌握语言和文字。

5. 从效率上做到高效听课。一是在听课过程中出现不理解或理解不透的地方，应引导学生在老师允许的情况下提出问题，当场弄懂。要让孩子明白如果课堂上不允许停下来解答疑难问题，这时不要在疑难问题上纠缠不休，应该暂时跨过去，继续听老师分析讲解下面的内容，等下课后再去请教老师，把课堂上卡壳的地方弄懂。二是要引导孩子处理听讲和记笔记之间的关系。记笔记是为了帮助理解记忆的，记是手段，理解是目的。如果上课时既能理解又记好了笔记当然更好。如果二者之中只能顾其一的话，那么就干脆不记，以保证专心听讲和当堂理解。等下课后，再借学习成绩优秀的孩子的笔记补一补。课上虽说顾不上记，手里也要拿一支笔，当老师讲到某个问题对自己有启发时，或某个问题不懂，或有什么好的想法时，可以在纸上、书上简要地记上几笔或画个符号，留待课后重点解决，防止把关键地方和有价值的内容漏掉。

总之，只要家长能够找到孩子听课差的原因，就会有的放矢；只要经常向孩子提供一些好的听课技巧并督促孩子坚持去做，就能使孩子慢慢养成良好的听课习惯。

当然，在培养孩子的听课习惯方面，家长可以运用循序渐进的方法结合孩子的个性特点进行，同时还要保持"耐心、宽容、平和"的心态，切不可操之过急。

 让孩子成为优秀在校生

培养孩子的做作业习惯

（一）于成虽为男孩，可是做事缺少应有的主见，尤其在学习方面，对他人的依赖性过于强烈，每晚写作业的时候，都要问家长或者不停地打电话询问同学。

（二）刚升入初中的明威有一个令爸爸妈妈非常头疼的毛病：回家后不能好好地写作业。活泼好动的他总是写一会儿作业，就玩一会儿，或者吃一会儿零食，或者看一阵子电视。作业写不到一半，又惦记着去摆弄玩具，半个小时就可以写完的作业磨磨蹭蹭地写两个多小时也写不完，而且书写极其潦草，错误也接连不断。爸爸妈妈在一边陪着他，表现就能好一会儿，可爸妈一离开，明威就又开始淘气。爸爸妈妈忙碌了一天，晚上很累了，看到明威这样不听话，难免要呵斥他，时间一长，明威变得有点沉默，情绪也不稳定，常常莫名其妙地发脾气。爸爸妈妈很无奈，大人总不

能老是陪着他写作业吧？连作业都无法独立完成，这样的孩子怎么教育才好啊？

现实生活中，恐怕多数有中小学生的家庭，每天晚上都上演着类似的场景。孩子粘在电脑前或沉湎于手机中，怎么叫也不动，家长千呼万唤才开始写作业。写一个字却要花去半分钟时间，明明没错，却拿着橡皮擦了又擦，验算时数字全往一块儿挤，得出的结果面目全非。直看得旁边的家长气不打一处来，大发雷霆，于是，咆哮声与哭泣声掀起了整个晚上的高潮。每天作业都要写到深夜，孩子和大人都精疲力竭，孩子每完成一次作业，家长就像完成一次战役一样，苦不堪言；孩子每做一次作业，都遭受到肉体和心灵的双重痛苦。天长日久，孩子的大脑里就形成了一个神经链的连接，即"学习—痛苦"，从而厌恶作业、厌恶学习。与此同时，作业问题也成为困扰好多家长的顽疾。孩子写作业为什么总要催很多次？孩子做作业时为什么那么磨蹭？父母要每天给孩子检查对错吗？要全程陪伴吗？

作业是孩子学完知识后的检查和应用的重要形式之一，对于孩子而言，做作业是检查其掌握知识的必要环节和重要手段。良好的做作业习惯，不仅有助于孩子对知识的准确掌握，而且能使孩子勤于学习、善于学习、自觉学习，将有助于孩子迈向成功。

追根溯源

有些孩子之所以养成了不良的做作业习惯，其本身固然存在问题，但往往更重要的是他们的父母对其作业没有正确的介入，从而导致其养成了不良的做作业习惯。

1. 家长有问必答，越俎代庖，导致孩子患有"家长依赖症"。

让孩子成为优秀在校生

2．家长购买教辅，额外补充，导致孩子产生"厌学情绪"。

3．家长忙于工作，放任自流，导致孩子应付学习。

4．家长过度关注，全程看、陪，导致孩子自制力差，贻害长远。

因此，作业问题不解决，孩子无快乐而言，家庭无快乐而言。那么家长应如何科学地介入孩子的家庭作业，从而帮助孩子养成良好的作业习惯呢？

 献计献策

一、帮助孩子提高对作业的重视程度，要求孩子把作业当成考试

从小学低年级起，家长必须帮助孩子提高对家庭作业的认识和重视程度，要让孩子明白，每天保质保量地按时完成作业是他作为一个学生应完成的职责；要让孩子明白，做作业是学习的延续和拓展，是巩固知识和提高学习成绩必不可少的重要手段之一，并不是可有可无的。

不少孩子在做作业时，因为对所学的知识不是很熟练，所以边翻书边做作业，不但耗费了时间，而且降低了作业效率，从而出现作业全对可是考试不理想的情况，达不到通过作业来检验知识的目的。所以家长应该提醒孩子把作业当成考试，并且在做作业之前，要像迎接每一次考试一样，全面复习一下所学的知识。这样的话，不仅杜绝了上述问题，而且还有诸多的好处。

1．把写作业当成考试，能够克服平日写作业时注意力不集中的毛病。人的精力集中，就会激发灵感，作业完成得不但快速、准确，还会在发散、逆向思维的指挥下，产生新的做法与创意。

2．把写作业当成考试，孩子就会有时间观念，就会清楚地了解自己解答每一类题的速度，而且还能养成合理分配做题时间的习惯，从而避

免考试的时候因时间分配不合理而导致做不完的现象。

3. 把写作业当成考试，孩子就会下意识地养成自查自检的好习惯，不会做完作业让父母或其他人帮助检查，这样，不但避免给别人添麻烦，更重要的是培养了孩子对自身行为负责的态度。

4. 把写作业当成考试，孩子就会注意书写工整、清楚，不乱画乱写，避免到考试的时候因卷面不整洁而被扣分。

另外，家长在提醒孩子把写作业当成考试的时候，还要在孩子做作业之前，根据作业的内容和难易程度，结合孩子的实际学习水平，帮助孩子一起估计或向老师询问一下作业所需要的时间，将闹钟按作业需要的时间定好，然后严格地按照考试的要求来做作业，闹钟一响，就要求孩子主动放下笔。

二、做好准备工作，为孩子创造良好的做作业环境

做父母的都有这种体验，那就是孩子特别容易分心，好不容易在书桌前安静下来要写作业了，可看到一旁新买的漫画书或橡皮擦，又要磨蹭半天才能进入状态。因此，在孩子正式写作业前，父母要做好一切准备，防止其注意力分散。

1. 把电视声音调小或关闭电视机。

2. 提醒孩子喝水、上厕所、关上房间的门。

3. 清理书桌，把玩具、零食、手机、水杯等一切与学习无关的物品都移到孩子的视线以外。

4. 提醒孩子把作业本、课本、文具盒、字典等做作业的必需用品拿出摆在桌子上。

5. 孩子写作业期间，父母不要给孩子端茶倒水，嘘寒问暖。

6. 父母不要隔着房门遥控指挥，甚至唠唠叨叨，吵吵嚷嚷。

三、给孩子一个固定的写作业的位置

大家都知道马克思在大英图书馆读书的故事,每天固定地坐在一个座位上,就是为了更专心地读书和学习。时间长了,脚下的地板都磨出了凹沟。学习最忌讳"打游击",所以,家长应该给孩子预备固定的学习桌椅。这样,孩子一进入这个环境,就更容易进入专心学习或做作业的状态。

孩子写作业的位置应选择在布置简洁、明快的房间里,墙壁以淡色为好,不要贴、挂很多东西,应该有一条关于学习的格言或座右铭,最好由孩子自己选择。有的家长让孩子从自己的实际出发,自己编写格言、警句,抄好贴在墙上,这个办法可以借鉴。

桌子上不能乱七八糟地堆放东西,应整齐地放课本、作业本、文具以及必要的工具书,旁边有一个小书架、书箱更好。

四、和孩子一起科学制订作业时间表

制订时间表,要考虑孩子的年龄、生理特点及个别需要,最好和孩子公平协商,让他们参与作业时间表的制订过程。时间表一旦制订,就得坚决执行,即使有特殊情况,也绝不能讨价还价,必要时可让孩子提前完成作业,但绝不能往后拖,直到孩子形成良好的作业习惯。

以下几种科学的方法,可供制订时间表时参考:

1. 先吃水果,后做作业。孩子放学回来,可以让他先边吃水果边休息,然后再做作业。因为水果里有果糖,很快就能变成葡萄糖,而葡萄糖正是大脑工作时需要的能量。孩子学习了一下午,大脑累了,肚子也饿了,身体内的葡萄糖也消耗得差不多了,需要及时补充。孩子在休

息了十至十五分钟后,大脑获得了能量,很快就会兴奋起来,做起作业来,就会得心应手。

2. 先做作业,后吃晚饭。当一个人饱餐后,人体的大量血液要流到消化器官,从而导致大脑供血不足,精力不支,浑身没劲儿。如果硬逼孩子晚饭后马上做作业,可能会看到他不是一会儿喝水,就是一会儿上洗手间,表现出精神不定,烦躁不安,结果时间耽误了,作业效率也不高。所以,还是饭前做作业好一些。如果情况特殊,需要孩子晚饭后做作业,最好让他多休息一会儿后再做。

3. 做作业在前,"好事"放后。每个孩子都有他最喜欢的一项活动,看动画片、玩游戏或搞体育活动,但不能因此耽误做作业。家长可以和孩子达成协议,做作业在前,"好事"放后。因为孩子做作业时,大脑高速运转,同时要抵抗很多不利因素的干扰才能完成作业,因而会感到非常疲劳。这时再让他做最喜欢的事情,等于给他一个安慰,一个奖赏。下次再做作业时就有了一个美好的期待,于是做作业的积极性就提高了。

4. 劳逸结合。家长应该根据孩子年龄的大小,确定做作业和玩的时间,主动地在孩子学习疲劳前,让其开心玩一会儿,待他浑身的血液又循环到大脑,有了精神,再让他继续做作业。这样,孩子就会感觉到学习是快乐的,随着时间的推移,孩子一天天长大,相对学习的时间逐渐延长,孩子的独立学习能力也就培养起来了。

五、指导孩子合理安排作业顺序,适时调整其不良情绪

为了让孩子顺利地完成作业,可要求孩子先复习一下所学的知识,再动笔写作业。如果抓起笔来就写,在做作业的过程中,孩子会因为暂时性遗忘而遇到困难,从而产生烦躁感和畏难情绪,甚至干脆放弃。所

让孩子成为优秀在校生

以，写作业最好能遵循"先易后难，感兴趣为先"的原则，即让孩子从较容易的、感兴趣的作业做起。这样，因为喜欢，孩子做起作业来得心应手，效率高，往往很快就能完成。即使接下来做薄弱学科时，也会乘胜追击，效果好得多。

如果孩子在做作业时出现不良的情绪，家长可以先让孩子暂停做作业，及时帮助孩子调整一下情绪，等孩子情绪平稳下来再继续做作业。

假如孩子保质保量地按时完成了作业，要及时给予表扬，让孩子感受成功的喜悦，那么，他下次完成作业就会更为自觉、主动。

六、先"陪"后"放"，督促孩子写完作业后及时整理书包

对于低年级孩子，最好家长能陪在孩子身边，一方面给孩子以督促，另一方面掌握孩子的学习状况和特点。然而这种陪伴也有技巧，有些孩子做作业时遇到困难，不是自己思考，而是急着问父母。这时父母不要轻易给予帮助，防止养成孩子的依赖心理，妨碍孩子的独立学习。当然，对于一些搜集信息或实践调查一类的作业，家长可以给予指导、帮助。孩子长大后，会要求有自己的空间，父母如果再继续全程陪伴会适得其反，还是"走为上策"。

不少孩子做完作业后，就如释重负地马上休息，等到第二天早晨上学之前，再匆匆地收拾书包，结果往往是做完的作业忘记带了，所以，父母应该督促孩子养成做完作业后及时收拾书包的好习惯，这样，晚上多一分钟的准备，白天就能少三分钟的麻烦。

只要我们做家长的多一分科学的指导，多一分耐心的帮助，孩子就一定能少一分作业的困扰。

指导孩子做好课后复习

情境扫描

在新浪教育论坛上，有个署名"怡晴"的网友发表了这样一个帖子：我的女儿雯雯今年十五岁，即将面临中考，可我对她的学习成绩很担心，她有一个怪毛病就是不爱复习，每前半学期她的成绩在班上还是挺不错的，可一到后半学期就不行了；她就是满足于课上所学而不爱课后复习，无论我怎么跟她说就是听不进去。所以我很为她的中考担心，请大家来帮帮我好吗？

复习，就是把已学的知识再进行温习从而巩固下来的过程。它是课堂学习的延续，是记忆过程中必不可少的环节。早在两千多年前，孔子就提出"温故而知新"的见解。俄国心理学家巴甫洛夫认为，记忆时大脑皮层形成暂时的神经联系，刚建立起来的神经通路如果不畅通，则原来大脑中保留的痕迹就会逐渐消失，而复习就是对大脑中的痕迹进行再刺激的过程。及时复习就是在第一次痕迹未完全消失时，紧接着进行第二次、第三次重复刺激，重复刺激次数越多，痕迹越深。重复越及时，费时越少，费力越小，记忆效果越好。由此看来复习是孩子完成学习任务的必要环节。

可是，有许多孩子像上述情境中的雯雯一样，因为不注重复习，导致学习成绩不理想：不喜欢写作业，作业总是在拖拖拉拉、东张西望、边玩边写中完成；写完作业后不能按照老师的要求认真复习当天所学功课，或者即便是偶尔复习一下，也是心不在焉，敷衍了事；遇到考试前的复习，更明显表现出很不耐烦的样子。

追根溯源

追其根源，是孩子和家长对复习的意义了解不够，更有不少家长的潜意识里藏有如下的困惑。

一、孩子有必要天天复习吗

回答是肯定的。首先，孩子所学的知识主要是间接的书本知识，不是自己从实践中得来的，往往印象不深刻。加之孩子每天学的知识很多，如果不重复学习，很容易就会忘掉，就达不到掌握知识的目的。其次，复习有助于加深理解。课堂上时间紧，进度快，每个人的理解能力不一样，因此对知识的掌握可能不够牢固。课后复习，能让孩子针对自己的缺陷多加思考，弄懂在上课时没有听懂的问题，从而达到强化知识掌握的目的。

二、孩子不会复习，父母究竟应该做些什么

孩子不会复习，主要原因有二：一是孩子没有养成复习的习惯；二是孩子没有掌握有效的复习方法。因此，作为父母，首先应该帮助孩子养成经常复习的习惯，不要以为孩子交给老师就可以彻底不管了；其次要指导孩子提高复习效率。

那么，做父母的应当怎样具体指导孩子做好课后复习呢？

 献计献策

一、指导孩子科学安排复习时间

1. 督促孩子及时复习

复习贵在及时，这是由先快后慢的遗忘规律所决定的。心理学家曾做过这样的实验：让三组的孩子熟记一首诗歌。第一组间隔一天复习，第二组间隔三天复习，第三组间隔六天复习。达到熟记的统一程度，第一组平均需要复习四次，第二组平均需要复习六次，第三组平均需要复习七次。可见，复习间隔的时间越短，复习所需的次数越少。孩子每天都学习一些新东西，父母可以要求他先复习当天所学的内容，复习之后再做作业。如果不及时复习，时间一长孩子就忘记了，许多内容最后集中到一小段时间复习，效果自然不好。另外，对于当天老师讲过的知识，孩子晚上躺在床上准备睡觉时，还可以用几分钟、十几分钟的时间，在头脑里过一次"电影"，对于模糊不清或者根本回忆不起来的知识，第二天再进行复习，此法效果很明显。

2. 指导孩子学会分散复习

实践证明，分散复习要比集中复习效果明显。因为集中复习学习强度大，容易引起大脑神经细胞疲劳，反而造成对神经活动的抑制，影响复习效果。有不少孩子不懂得这个道理，功夫不用在平时，不抓紧平时的时间分散复习，等到期中、期末考试时才集中进行突击，白天学习很长时间，晚上又开"夜车"，这是不符合规律的。这样做，不仅损害健康，而且效果不佳，即使突击记下东西，也很容易遗忘。另外，即使对于当天的复习任务，也适合采取分散复习的方法。例如有60分钟的复习内容，是让孩子一下子复习完呢，还是分成几段间隔复习呢？不妨让孩子每次复习20分钟，中间休息之后再复习，这样孩子就不会疲劳，复习的效果也会比较好。

3. 引导孩子做好"大复习"

"小复习"是指课后复习，每天都要及时进行。"大复习"是指较系统、较集中、较大量的复习，比如单元复习、期中和期末复习、考前复习、中考或高考复习等等。大复习的主要功能是使知识系统化、结构化，并进一步巩固知识，培养综合分析问题、解决问题的能力。下面以期末考试前的大复习为例谈一下复习要注意的问题。

（1）要事先制订学习计划。期末考试科目多，内容庞杂，很多孩子复习起来感到千头万绪，无从下手。这就要求我们指导孩子根据复习的课程，制订切实可行的复习计划。每天复习哪些学科，复习该学科的多少内容，都要做出详细、科学、合理的安排，从而做到心中有数。不同年龄段的孩子要有不同的计划安排。例如，小学三年级课程的复习安排，可以从考前三周左右的时间开始，先分单元复习，最后一周进行总复习。语文八个单元，可以花两周的时间进行复习，最后七天父母可以协助孩子从全学期课程中抽样进行总复习，尤其侧重单元复习过程中孩子不太熟悉或者容易出错的部分。

（2）要确定复习的侧重点。在有限的时间里，不可能把所学的内容面面俱到地复习一遍，所以这时的复习应该有所侧重，可以考虑以下几个方面：①书上要求掌握的基础知识；②考前老师着重强调的内容；③针对自身的弱点而应重点复习的内容。

二、教给孩子一些复习技巧

1. 帮助孩子在理解知识的基础上复习。为什么有的孩子，书上原封不动的问题尚能答得出，题目稍微变动、灵活一下就不会了呢？原因就在于没有真正理解知识。不理解的知识总是难记易忘，理解了的知识总是易记难忘。理解是记忆的前提和基础，家长应帮助孩子在理解知识的基础上记忆，在记忆过程中继续加深对知识的理解。对于定理、公式、定义、概念、原理、词意等，不要死记硬背，要在理解的基础上复习。

2. 指导孩子在理清知识脉络体系、内在联系的基础上复习。教材是分章节、单元来学习的，获得的知识也是分散的、零碎的。在复习过程中，把这些章节联系起来，使之系统化、条理化，形成知识网络，无疑可以调动孩子思维的积极性，同时，也会使所学知识得到巩固。

3. 启发孩子做到学思结合，手脑并用。学习时尽可能做到眼到、耳到、口到、手到，边学边想，手脑并用。同一内容的知识，仅用视觉接受，只能获取知识的20%；仅用听觉接受，只能获取知识的15%；如果视觉、听觉结合起来并用，可获取知识的50%。当然，调动多感官同时参加活动的方法，要根据不同学科的特点来进行。如学习地理，指导孩子结合课文内容看地图，甚至动手简略地画地图，是十分有效的。这样做要比从头至尾死记硬背效果明显得多。

4. 让孩子灵活运用多种复习方式。指导孩子进行复习时，可以将复习内容交叉进行。即这二十分钟复习语文，休息后换成数学，这样复

习的好处是不会使孩子产生厌倦心理。即使复习同一门学科，长时间用同一种方式复习效果也不会好，尤其对于中小学的孩子更是如此。想想看，我们成人学习英语时，有时是默读，有时是大声朗读，有时是抄写，不断变换方式或者多种方式结合并用，对于孩子来说更要这样。比如复习语文，可以让孩子以朗读、背诵、默写、造句等不同的方式变换进行；复习数学，就可以让孩子看书、记公式、做练习题（计算题、应用题），而且习题也要注意变化题型。

5. 引导孩子做好复习笔记。在复习过程中，要引导孩子珍惜用心思考所形成的比较完整和系统的知识，及时用笔记形式记录下来。有了复习笔记，下次的复习就不必再从头开始了，看看复习笔记，就可以起到提纲挈领、强化记忆的作用。复习笔记最好采用一科一本的形式。记录时要简明扼要，尽可能用自己的语言来表述，也可采用图表的方式。

6. 指导孩子根据自身实际，适时调整复习策略。家长指导孩子复习，不能只给孩子布置几本书或几道题就放手不管，而是要尽可能地根据孩子的实际情况随时做出调整。如果发现某一部分的内容孩子已经掌握，家长就可以让孩子跳过这一段，复习其他的内容。如果孩子已经做了几道这方面的题目仍然出错，就需要家长指导孩子加强对这一部分内容的复习力度。根据复习时间的长短，家长也要指导孩子采用不同的复习策略。如果时间很宽裕，家长可以让孩子从头至尾将书过一遍；如果时间紧迫，再平均分配时间显然不合适，就得重点复习自己的薄弱环节，有时只研读平日整理的错题库也能达到理想的效果。

培养孩子的书写习惯

情境扫描

（一）活泼外向的浩宇是个急性子，做什么事都是风风火火，学习上也是急于求成，做作业速度挺快，但是书写潦草得一塌糊涂，不仅别人认不出他写的字，甚至有时连他自己也辨认不出来。这严重影响了他的考试成绩，尤其是含有书写的文科成绩。他也尝试过一笔一画地慢写，但总是"兔子尾巴——长不了"，坚持不了几分钟，就又"龙飞凤舞"起来。老师批评他是态度不认真，家长指责他是"本性难移"，浩宇也认为自己无药可救了。

（二）积极上进的徐杰，三年级就学习硬笔书法，如今已升入五年级了，却依然为考试时的书写而苦恼，原因是他平日慢慢写时字非常漂亮、工整，作业一直获老师好评；可到了考试，时间一紧张，他一快写，字迹不自觉地就扭曲变形，潦草不堪。当然他也曾经试图像平日一

让孩子成为优秀在校生

样工整，可是时间又不够用。

俗话说"字如其人"。字是人的第二张脸，每个父母都希望自己的孩子字体端正而又美观。郭沫若先生认为，"培养中小学生写好字，不一定要人人都成为书法家，总要把字写得合乎规格，比较端正、干净，容易认。"事实证明，写字跟书写者的文化、情绪、气质，尤其是人的性格有着内在的联系。养成良好的书写习惯能够使人细心，容易集中意志，善于体贴人；相反，草草了事、粗枝大叶、独断专行，是容易误事的。可以说，能否写一手好字，对个人的发展是有很大影响的。另外，方方正正的汉字承载着中华民族几千年来灿烂的文化和文明史，写好汉字，继承和发扬民族文化是每一个中国人都责无旁贷的。

可是，总有一些像上述情境中的孩子，其潦草的书写让父母大为苦恼。更有甚者，写字时非得把本子或卷子斜放，而正放就写不正；有些孩子的字单看每个笔画都较为工整，而凑在一起就不成样子；有些孩子写字时非得侧着身子，斜着膀子；还有些孩子写字时只用两根手指捏住笔……

追根溯源

一般来讲，孩子不良书写习惯的形成，主要有内在和外在两个方面的原因。

1. 内因，也就是孩子认知水平不高和不能长时间地进行有意注意等。少年儿童虽然思维能力得到了不断的发展，正处于从具体形象思维逐步向抽象逻辑思维过渡的阶段，但是知觉的精确性仍然不够，知觉的分辨能力较低。因此，有些孩子在识字过程中只能记住字形的粗略轮廓，而对于字形非常细微的部分，如果没有父母或老师的提醒或训练往往就会忽略。如自己的"己",孩子在书写时往往写成"已"或"巳";有些孩子只记住了字的笔画,却忽视了字的整体结构,所以即使字写得横平竖直,但整体却很难看;有些孩子对于正确的书写习惯与错误的书写习惯不能分辨,甚至对如何握笔的问题都认识模糊;更有甚者,性格使然,静不下来,急于求成,笔画不到位,写着写着自然就潦草不堪……

2. 外因,即环境的影响,包括家庭教育和学校教育等。孩子在与他人的交往中会导致错误行为习惯的形成,那是因为孩子具有较差的自制能力和很强的模仿能力。我们很容易就可以发现,如果父母、老师或亲密的同伴有不良的习惯,那么孩子就极有可能受他们的影响而形成不良的行为习惯。书写习惯的形成也不例外,所以我们必须给孩子创造良好的学习环境,免得孩子受他人影响,而形成不良的书写习惯。

据专家研究表明,三至十二岁是形成良好行为的关键期,十二岁以后,孩子已逐渐形成许多习惯,新习惯要想扎下根来就难多了。所以,父母要培养孩子良好的书写习惯,不仅要根据影响孩子的具体情况对症下药,而且是抓得时间越早越好。那么,我们应当从哪些方面做起呢?

献计献策

一、让孩子意识到写一手漂亮字的重要性

时下,不少孩子认为,随着计算机的普及和应用,工作后书写汉字的机会越来越少,中考、高考成绩好坏主要跟成绩有关,只要成绩好了,字能让人看懂也就行了。

针对这种情况,家长应该通过身边的事例引导孩子,让孩子意识到,一个人的字就如同一个人的脸面,在没有见面的情况下,一个人写出来的字是否美观,在很大程度上决定他人对这个人的第一印象是好还

让孩子成为优秀在校生

是坏。书写问题在考试中也非常关键,现在的试卷都是计算机扫描后进行阅卷的,一个人的字会给阅卷老师一个非常直观的印象。作文部分在语文试卷中占有相当大的比例,在评分过程中给阅卷老师的第一印象起到很大的作用。如果你的字写得很漂亮,"一俊遮百丑",老师在评分时就可能会"高抬贵手";反之,你的分数可能就会比你作文实际应得的分数低。并且,近些年来,一些单位在招聘过程中特意让应聘者留下"真迹",目的就是为了考查应聘者书写情况,因为不少岗位需要代表单位签订合同等事务,如果你的字写不好,歪歪扭扭的签名自然影响到单位的形象,从而影响到个人的应聘或晋升。

孩子一旦深刻地认识到不良书写习惯带来的严重后果,就会产生"我一定要改"的强烈愿望,从而形成矫正不良书写习惯的内在动机。

二、培养孩子浓厚的书写兴趣

老百姓有一句话说得非常好,"强摁牛头不喝水,口渴自会找水喝。"说的就是做什么事都要产生兴趣才能做好的道理。孩子有了兴趣才能认真练字、自觉练字,没有兴趣就容易写得潦草。家长要用多种方式激发孩子的写字兴趣。其一,要让孩子深刻感受到中国方块字的美,培养孩子具有写正确规范汉字的兴趣。父母可以拿名家钢笔字帖或古代书法家颜真卿、柳公权、王羲之的作品给孩子看,让他们感受到汉字的形体美、结构美、艺术美,让他们体会到把汉字"写好",能得到美的艺术享受。其二,多鼓励孩子是培养孩子书写兴趣的有效途径。我们都知道,孩子的成长离不开赞美和鼓励,当他们取得了点滴进步时,只有及时给予表扬、鼓励,才能激发孩子在书写上更大的兴趣。一个善意的微笑,一句简单的激励,一颗小小的红五角星,在我们看来也许没有什么,但在孩子的心里却很珍贵。这样能够增强孩子的自信心,使他们得到一种精神上的激励。其三，父母还可以通过讲故事的方式，向孩子介绍古今书法家勤学苦练的事迹，比如王羲之"临池学书，池水变黑"的故事，鼓励孩子好好练字。

三、系统指导，让孩子掌握正确的书写方法

在孩子形成矫正的动机与兴趣之后，家长应趁热打铁，及时教给孩子正确的动作要领和矫正的方法，并利用写作业的时间进行系统的训练，全面掌握正确的书写方法，着重做好三项工作。

1. 矫正不良的坐姿

孩子的不良坐姿主要有头歪、肩斜、身歪、腰弯、胸压桌沿等。矫正时可以先教给其正确的坐姿要领，即"头正、身直、臂开、足安"。头正，就是头部端正，不左右歪斜，使眼睛离纸约一尺；身直，就是坐端正，腰挺直，身子稍向前倾，胸部离桌沿一拳左右；臂开，就是两肩齐平，两臂张开，肩部放松，一手执笔，一手按纸；足安，就是两脚自然下垂，分开平放地上，不要一前一后或叠在一起。

这些动作要领，孩子掌握并不难，但要长时间坚持却不容易。训练初期，家长应注意及时提醒，反复强调。与此同时，还应着重培养孩子的自我调控意识，即让孩子在写字的过程中经常用要领来自我检查、自我矫正，最终形成良好的坐姿。

2. 矫正不良的执笔姿势

孩子的执笔姿势五花八门，其中普遍存在的问题是执笔太紧，不少孩子执笔时食指的第一关节严重凹陷，第二关节和拇指的第一关节严重凸出，其他三指则紧紧拢在一起。

正确的执笔方法是：食指与拇指的指端轻捏笔杆，离笔尖约一寸，中指的第一指节处顶住笔杆，无名指和小指自然弯曲垫在下面，笔杆上

让孩子成为优秀在校生

部靠在食指根部的关节处,笔杆与纸面保持45度至50度角。执笔时除拇指外的四个手指一个挨一个自然地叠在一起,不疏松拉开,掌心尽可能虚,即做到"指实、掌虚"。

家长可先结合讲解、示范,让孩子逐句理解、领悟动作要领,练习执笔。讲解时应着重强调如下几点:

(1) 手指不能用力挤压笔杆。

(2) 手指不能收得太紧。要注意拇指和食指之间(即虎口)应留空2厘米左右,同时,无名指和小指不能贴近掌心,相距应有2厘米以上。

(3) 笔杆上端应靠在食指根部的关节处(不少孩子把笔杆靠在虎口上,容易造成手指紧捏笔杆)。

3. 矫正不正确的运笔方法

不少孩子写字时手腕严重内收,造成字体歪斜,笔画呆板。矫正这一现象的关键在于指导孩子运笔时手腕自然伸展、放松,使手腕和手指能协调发力。训练时可以先让孩子运用正确的坐姿和执笔进行单笔练习,即练习写好横画和竖画,要求做到"横平、竖直"。继而可以要求孩子练习写"永"字,掌握八种基本笔画的运笔方法,做到身正、笔正、字正,笔画均匀、有力。

4. 突出字体的书写结构

要把字写好,笔画的组合很有讲究,一般地说讲究"横平、竖直",以保持字形结构的匀称与稳定。该左时左,该右时右,该上时上,该下时下,长者不能过长,短者不能过短。同时,还要注意每一笔画的位置安排,注意笔画之间的相互联系。对于笔画多的字要处理好疏密关系,瘦长的字每一部分要写得高宽一些,横宽的字每一部分要写得瘦长一些。一句话,要协调,做到恰如其分。

以上四个方面是紧密联系的:训练时既要分项进行,又要综合训练;既要让孩子知其然,又要让孩子知其所以然。另外,训练的过程还要注意循序渐进和因材施教。这样,持之以恒,就能掌握正确的书写方法。

四、鼓励引导,持之以恒

有的家长非常希望孩子写出一手好字,于是很有热情地辅导孩子练字,但是过不了几天,发现孩子的进步不明显,自己就失去了耐心。一旦家长失去了耐心,孩子也会受到影响,所以家长一定要经常鼓励孩子,要通过正确的方法引导,持之以恒地严格要求孩子写好每一个字,写好每一个笔画,尤其对于性子急的孩子,家长可以根据孩子的具体情况采取"恩威并施""榜样引领""专时专用"等方法,逐步让孩子养成良好的书写习惯。

五、保证孩子练字时的环境安静

孩子在家练字时,如果家里的学习环境不好,总是亲朋好友特别多,或者电视声音特别大,孩子在这样的环境中练字效果是可想而知的。如果环境影响了孩子的情绪和注意力,孩子在写字时态度就不认真,而且容易把练字作为应付差事。因此,家长应尽量给孩子一个安静、舒适的写字空间,让孩子不受外界干扰,专心练字。

六、用自身良好的书写习惯影响孩子

孔子说:"其身正,不令而行;其身不正,虽令不从。"孩子良好书写习惯的培养,不仅与父母的严格要求有关,父母的身教也起着至关重要的作用。一手漂亮的字,如一个个奇妙的音符,会在孩子的内心深

处谱写出优美的乐章，那苍劲有力、清新俊秀的笔画会给孩子以振奋和力量。所以，父母不仅自己要认真写字，还可以和孩子一起练字，开展亲子书写比赛活动，从而给孩子良好的榜样示范和引导。

有人说，习惯是一种顽强而巨大的力量，它可以主宰人生。面对书写习惯较差的孩子，要培养兴趣、强化训练，家长也要以身作则。只有这样，才能让孩子练就一手好字，成就一种品质！

CHAPTER 2 学业提升篇

提高孩子的计算能力

情境扫描

  期末考试成绩出来了，明明的数学成绩又不理想，妈妈把他的卷子从头到尾看了一遍，这气就不打一处来。难题都做对了，出错的地方竟然大多是简单的计算题。细细一问，不是把"="看成"－"，把"×"看成"÷"，就是草稿纸上明明做对了，一抄却错了。妈妈一筹莫展，明明却有些不以为然，那些计算题都是因为马虎出错了，并不是我不会，没有什么大不了的。

  在数学学习中，像明明这样状况的孩子并不少见，他们所说的"马虎"，实际上都是由于计算能力较差而影响了数学成绩。计算看似简单，却是一项复杂的智力活动，计算能力也是综合能力的具体体现，直接决定数理化的学习成绩。计算能力强的孩子在分析问题、解决问题时思路畅通，出现错误的概率较小。计算能力差的孩子，在解题过程中会因为反复计算某个数据而影响思维，解题速度大打折扣，甚至出现虽然思路正确，但因为计算错误而一分不得的现象。

孩子计算能力差，其具体表现为：从计算过程来看，孩子显得心浮气躁，抄错题，弄错数，做题步骤混乱；从计算技巧来看，方法单一，运算定律、公式运用不灵活；从计算修养来看，孩子不喜欢验算，粗枝大叶；从计算质量来看，孩子计算的准确率低，速度慢，书写潦草。

那么，导致孩子计算能力差的原因有哪些呢？

 追根溯源

一、孩子对计算缺乏足够的重视

孩子出现的计算错误，是否都能简单地归结为"粗心马虎"呢？答案是否定的。其实，粗心马虎只是表面现象，真正影响孩子计算水平的是计算技巧与计算习惯。在平时的计算练习中，家长认为错几道计算题没事，只有孩子思维敏捷、接受能力强才是最重要的，从而使孩子对计算没有足够的重视。于是，有的孩子在遇到计算题时，不认真思考，不专心致志，认为即使出现错误，很轻易就能够改正。

二、孩子缺少良好的学习习惯和思维训练

有些孩子的智力很好，但自控能力差，上课注意力不集中，他们在学习时往往对出现的错误不能深入分析原因、总结方法，只满足单纯改正，以至于同样的错误屡犯不止。有些孩子课后不能自主完成作业，或者做完作业和答卷完毕后，过于相信自己的学习水平，没有养成检查的

习惯。有些孩子只重视对解题方法的理解，而不愿动手或不愿花时间去进行那"单调"的规范训练，久而久之，不仅运算步骤生疏，而且还养成了粗心马虎的不良习惯，造成题目一看就会、一做就错的现象。有些孩子缺乏意志和毅力的磨炼，对数字较大或较复杂的代数式的计算题，望而生畏，信心不足。有些孩子习惯于单向、单层次的心理运算，不适应多向、多层次（如伴随的正负号、添去括号、运用定律等）的运算，习惯于常规思维而不会逆向思维，不能灵活运用所学公式进行简便计算。

三、孩子对运算法则和运算定律理解不透彻

比如乘法分配律，不少孩子不能够灵活运用。再如，有理数计算包括确定符号和数值计算，对孩子的思维要求更加严谨周密。如果孩子对有理数的加、减、乘、除、乘方法则不能理解和掌握，计算中常会出现下列错误：忘记确定符号的正负，运算顺序发生错误。在混合运算中，孩子缺乏对题目的综合分析处理的能力，把握不住题目的结构，特别是分数（包括小数）的四则运算能力差，计算时顾此失彼，漏洞百出。

四、孩子过分依赖计算器，计算不用脑

长期使用计算器，导致孩子对数字不敏感，对整理、变形等过程的理解缺失，对算理、算法的理解不深刻，不能对解题策略合理、灵活地运用，这都不利于孩子的计算能力和数学思维的发展。因此，计算能力训练的出发点和着眼点不仅是单纯的"计算"，更要重视对孩子良好思维品质的培养。

让孩子成为优秀在校生

献计献策

一、让孩子自己发现问题，从而认识正确计算的重要性

上述情境中明明的妈妈在一筹莫展之后，为了让孩子认识到计算的重要性，就让孩子自己搜集平日计算中经常出错的题目（包括出错原因）记录下来。例如：题目看错抄错，书写潦草；列竖式时数位没对齐；计算时没有演算，算数错误；计算顺序和符号错误；做作业时思想不集中，丢三落四。

通过整理分析让孩子明白，这些问题对他的学习影响非常大，是造成他与其他同学学习质量差距的重要原因。要让孩子清楚地认识到，计算是一项基本的数学能力，与证明题和应用题相比要容易许多，如果连会做的题目都出现错误，那么需要用心思考的证明题和应用题会怎样呢？引导孩子对待计算题应该有手握针尖的感觉，来不得半点的粗心马虎，需要小心加小心，细心更细心。家长还要帮助孩子分析哪些问题可以在短期克服，哪些问题需要长期注意。比如看错数、书写潦草、不验算等可以在一个月内克服，而作业专注度、审题习惯等则需要长期坚持。孩子进步后，家长要及时表扬；孩子若有了惰性，家长可以用目标激励他。将所谓的"粗心大意"减少到最少，争取会做的题目确保做对。

二、培养孩子的口算能力，切实打好基础

口算是主要靠思维、记忆，直接算出得数的计算方式，是计算能力的重要组成部分。所以，要提高孩子的计算能力，必须提高口算能力。

1. 有意识地让孩子记一些特殊数字的组合

如：和是整十、整百的两个数（73和27，98和2等）；积是整十、整百的两个数（25×4，125×8等）；1~20的平方数，1~10的立方数。这些计算结果的记忆，既能提高孩子的计算准确率，又能大大地提高计算速度。

2. 每天安排适当的练习

根据孩子的学习实际，每天选择适当的时间，安排三至五分钟的口算练习，可以让他准备一个本子（口算天天练），长期进行，持之以恒，会收到良好的效果。

3. 熟记重要数学公式和法则

因为准确无误是运算的基本要求，正确地记忆公式和法则是运算准确的前提，只有理解某些概念与公式的推导，才能做到公式的正用、反用和活用，从而提高运算能力。

三、帮助孩子养成良好的计算习惯

良好的计算习惯是提高计算能力的保证。在做计算题时，提醒孩子养成一看、二想、三算、四查的习惯，小学和初中尽量不用计算器。

1. 看，就是认真对数。题目都抄错了，结果又怎么能正确呢？所以，要求孩子在抄题和每步计算时，都应当及时与原题或上一步算式进行核对，以免抄错数或运算符号。要做到三点：①抄好题后与原题核对；②竖式上的数字与横式上的数字核对；③横式上的得数与竖式上的得数核对。

2. 想，就是认真审题。引导孩子在做计算题时，不应拿起笔来就下手算，必须先审题，弄清这道题应该先算什么，后算什么，有没有简便的计算方法，然后才能动笔算。另外，计算必须先求准，再求快。

3. 算，就是认真书写、计算。作业、练习的书写都要工整，不能潦草，格式一定要规范，对题目中的数字、小数点、运算符号的书写尤其要符合规范，数字间有适当的间隔，草稿上的竖式也要数位对齐、条理清楚，计算时精力集中，不急不抢。

4. 查，就是认真验算。计算完，首先要检查计算方法是否合理；其次，检查数字、符号是否抄错，小数点是否错写或漏写；再次，对计算过程中每一个得数和最后的结果都要进行检查和验算。

四、分类收集错题，克服错误思维定式

一般来说，孩子在练习时产生的错误，既具有相通性，又具有普遍性。在老师指导下，有些比较容易纠正和克服，有些纠正起来就比较困难，特别是某种在头脑中已经生根的错误。所以，家长要有意识地指导孩子在平日学习中及时收集笔算中出现的问题，有计划地翻看反思错例，这样就能达到既"治病"又"防病"的目的。对于那些形近而易错的试题，则让孩子对比练习，克服思维定式的消极作用，培养孩子比较鉴别的能力。而对于那些比较难以理解和计算的题目，可以让孩子制成卡片，贴在房间的醒目之处，使孩子在不经意间就能够随时注意到卡片上的题目，帮助孩子返思和记忆。当卡片上的题目存储在记忆里时，就可以更换新的错题卡片了。

错题的收集可以采取以下几种方式。

1. 分章节

把同一章节的错题进行整理，数量不限，便于孩子对单元知识进行梳理，全面纠错。

2. 分题型

结合平时练习的题型，可以分选择题、填空题、解答题等进行分类整理，易于培养孩子解决各类题型的能力。

　　计算贯穿数理化学习的始终，是一种基本能力，它与数学其他能力互为依托，互为因果。孩子要提高计算能力，必须做到明算理，多练习，快校对。作为家长，给孩子的最大帮助就是让孩子思想上重视，行为上坚持，养成良好的计算习惯，掌握科学的纠错方法。只有这样，才能使孩子取得理想成绩。

让孩子成为优秀在校生

提高孩子的口语表达能力

嫣红今年上初二了,聪明懂事,乖巧听话。学习方面专心听讲,勤奋好学,是班级中的佼佼者。可是,她不喜欢交流,跟同学在一起,也很少说话。有时长辈们问她话,她红着脸,经常以"嗯""啊""是"等最简单的答语应付。父母问她原因,嫣红说,她不知道该怎么跟别人交流,她怕说错话惹他们不高兴。看到别人家的孩子伶牙俐齿,嫣红的父母很羡慕,同时也为嫣红担心,孩子的口语表达这样差,怎么会不影响她以后的发展呢?

嫣红这种情况在初中生中很常见,上课时无论老师提问的内容简单还是复杂,无论他们心中有无答案,很少主动举手回答问题。如果老师有意提问他们,有的孩子会站在那儿,无论怎么问就是不吭声;有的孩子声音小得像蚊子叫,谁也听不清说的什么;有的孩子说话磕磕巴巴,断断续续,让人听了很不舒服;还有的孩子表述不清楚,说了半天,别人也没能听明白他要表达的意思……

国内外大量研究表明,口语表达能力是人类智力结果中最主要的三种基础能力之一,对人类其他能力的发展起着决定性的作用。美国著名的教育家戴尔·卡耐基曾经说过:"一个人的成功,约有15%取决于知识和技能,85%取决于沟通——发表自己意见的能力和激发他人热忱的能力。"的确,具有良好口才的人,往往令人尊敬,受人爱戴,得人拥护。

追根溯源

许多孩子咿呀学语时妙语连珠,招人喜欢。而长大了反而不敢说、不愿说、不善说了,造成这种现象的原因主要有以下几方面。

一、年龄原因

任何阶段的孩子都具有与他年龄特点相适应的心理、行为特点。孩子升入初中后,大部分孩子都进入了青春期。德国著名心理学家夏洛特·彪勒把青春期称为"消极反叛期"。这一时期的孩子在身体、行为、自我意识、交往、情绪、人生观等方面迅速变化,从而产生困扰、自卑、不安、焦虑等不良情绪。受这些因素影响,青春期的孩子喜欢苦思冥想,喜欢独处,不善言谈。一般来说,男孩这方面的表现更加突出。

二、性格原因

心理学家认为,尽管人的性格千差万别,但从行为表现来说大体可分为外向型和内向型。在语言表达方面,内向型与外向型的孩子相比存在着很大的差异。内向的孩子一般不善言谈,即使心里有话也不主动表达,上述情境中的嫣红就属于这种内向型的孩子。这种孩子与他人说话时往往表现为不自信,怕失败,怕丢面子,怕说得不好引起别人的嘲笑,所以,在陌生人面前说话时经常面红耳赤,结结巴巴。

三、环境原因

孩子所处的家庭环境和社会环境不同,知识水平、口语表达能力、社会交往等也存在着很大的差异。有些家长过分溺爱和庇护孩子,孩子事事都依赖大人,思维也渐渐懒惰起来,遇事不爱动脑筋,如果对别人的询问不感兴趣,就干脆不回答。有些家长与孩子交流时不关注孩子的兴趣和心理需求,交流的内容超出了孩子的知识范围和认知程度,孩子只能说"不知道"或"不会"。家长如果因此经常指责、训斥孩子"怎么连这么简单的问题也不知道""又说错了""你可真笨"……会使孩子倍受打击,以后即便感兴趣的话题,也不愿多说。还有的孩子在成长过程中缺少与人交往的环境,与人交往的能力得不到锻炼,社会适应能力差,对他人的提问往往不知如何表达,只能用"嗯""啊""是"等较简单的方式回答。

人们常说:"是人才未必有口才,有口才一定是人才。"可见,良好的口语表达会让孩子的成长更精彩。如何让孩子做到敢说、乐说、善说呢?

献计献策

一、练"胆",让孩子敢说

曾有西方学者说,使世人恐怖的事有两件:原子弹和当众发言。可见,培养孩子"当众说"的勇气,助孩子突破"敢说"这一难关,是练好口语的前提。

1. 讲故事,激发兴趣

家长与孩子交流时,可以有意识地讲述名人能言善辩的经典事例,如晏子使楚、诸葛亮舌战群儒、周恩来的外交辞令、国际辩论赛上的唇枪舌剑……让孩子从中感悟到口语表达的重要性,以激发孩子的模仿欲望。

另外,让孩子与故事交朋友。故事中曲折的情节、离奇的想象、优美的内容深深吸引着孩子,因而,听故事是许多孩子的最爱。家长如果在孩子听的同时,有意识地引导孩子讲故事,不仅容易激发孩子说的兴趣,而且在不知不觉中锻炼了孩子开口说话的胆量,提高了孩子的口语表达能力。

2. 创机会,引导参与

有些孩子在说话的时候总是很紧张,要改变这种状况,就要多为他们提供当众说话的机会。家长可以让孩子先在自家人面前练习说话,再慢慢地扩展到亲戚、朋友、陌生人。

可以经常带领孩子外出参观、游览,陪孩子逛逛公园,看看花草、动物,玩玩游戏……在游玩中引导孩子畅谈所见所闻所感。也可以在节假日多带孩子到亲戚朋友家玩,参加同事、朋友间的家庭聚会,鼓励孩子多与他们交谈。为消除孩子的胆怯心理,家长可以事先帮孩子准备发言内容,让孩子"有备而来",这样孩子在聚会上就有了发言的胆量。

当孩子自信心逐渐增强,逐渐习惯在别人面前发表意见时,紧张感就会渐渐消失,孩子当众说话的胆量也会慢慢大起来。

3. 重激励,循序渐进

要想让孩子敢于说话,家长首先必须做到多激励,少批评。孩子开始与他人交流时,肯定会有许多不尽如人意的地方。所以无论孩子声音大与小,说的对与错,只要孩子开口说话,就应该找到孩子的优点进行表扬。如果声音太小,可以表扬他很有礼节;如果孩子没注意礼节,可以表扬他吐字清晰;如果口齿不清,可以表扬他声音好听。其次,要注意不急于求成,对孩子降低要求和难度,注意循序渐进,从熟悉的人或场景到陌生的人或场景,从几句到几段,从有备到即兴,从对话到论辩,逐渐提高难度,让孩子能体会到成功的喜悦,树立信心,敢于说话,发挥潜能。

二、养"气",让孩子乐说

口语表达的外在表现是说话,内在本质则是思想。只有以高尚的品德、丰富的学识、真挚的情感为底气,孩子才能口吐莲花,妙语连珠,倾倒众人。

1. 重视阅读,博闻强记

要想真正提高孩子的口才,家长平时应引导孩子多读书,让他们养成读书看报的习惯,让孩子明白没有人天生才高八斗,学富五车,博闻强记的背后是艰辛的汗水。写文章讲究"读书破万卷,下笔如有神",说话其实和写文章是同一个理,"腹有诗书气自华"。孩子读得多,知道的东西就多,自然乐于与他人分享、交流,话题也会丰富起来,而且说起话来会更有水平、有见解、有说服力。

2. 体察生活,乐于表达

为什么有些人爱说话但说出来别人都不大爱听呢?关键就是缺乏生

活积累，净说些不着边际的话。这样怎能打动人心？所以，要想有好口才，多加强孩子的生活积累也很重要。家长应注意引导孩子积极面对生活，感受生活，品味生活中的甜酸苦辣，用眼睛欣赏生活的色彩，用耳朵聆听生活的声音，用心灵感受生活的脉搏。另外，还要让孩子注意收集日常生活中的巧词应对。孩子积累了丰富的语言资料，有了充足的底气，就会产生想说的欲望，乐于表达自己的观点。

3. 模拟情境，寓说于乐

家长要善于捕捉现实生活中的精彩画面，模拟适合孩子发言的交际情境，寓说于乐，培养孩子在不同场合下发言的能力。比如，去菜市场买菜；向老师请假；婉言拒绝邀请；和邻居消除矛盾；和父母就有争议的问题进行沟通；说服意见不同的同学，等等。这样，孩子在模拟的现实应用情境中，知道了遇到这样的情境应该说什么，怎样说，遇到类似的情境时说起来就有了底气，也就喜欢说了。

4. 转述改编，培养幽默感

幽默是交流的润滑剂，属口语表达的钻石级别。要培养孩子的幽默感可以多为孩子讲述富有幽默感的名人趣事；也可以让孩子讲讲小笑话、小幽默，或者身边有趣的事；还可以引导孩子编幽默故事，或者给课本、电影或电视剧添加一个令人捧腹的结局，等等，这些都能在潜移默化中提高孩子的幽默感。

三、明"技"，让孩子善说

拥有良好的说话技巧，能在山重水复中柳暗花明；能在进退两难时左右逢源。所以，对语言基础相对薄弱的孩子来说，掌握口语表达的基本技巧很有必要。

1. 让孩子善于倾听

善于倾听，是谈话成功的一个要诀。在引导孩子倾听对方谈话时，首先要注意与说话人交流目光，适当地点头或做一些手势动作，表示自己在注意倾听。也可以用"哦""嗯"等语气词引起对方继续谈话的兴趣。其次应通过一些简短的插语和提问，暗示对方自己对他的话感兴趣，或启发对方，以引出感兴趣的话题。如果对对方的话不感兴趣，可以设法转变话题，但不要粗鲁地说："哎，这太没意思了……"

2. 让孩子把握说话的分寸

首先引导孩子学会察言观色。让孩子明白说话要看对象，在张口说话前一定要注意观察对方，要根据说话对象的不同确定说话的方向、交谈的话题和口吻，否则会产生无形的隔阂。试想，如果和在校大学生谈自家的孩子如何可爱，和农村的老奶奶谈周杰伦的音乐才华，交流的效果可想而知。

其次，让孩子明确说话要得体。说话得体，即根据时间、对象、事件、地点的不同，适时、清楚、准确、有分寸地表达自己的想法。让孩子注意克服不得体的行为，如：对别人傲慢，高高在上；随便打断别人谈话；注意力不集中，迫使别人再次重复讲过的话；对别人的提问漫不经心，让人感觉难以交流，等等。

3. 让孩子控制好说话的节奏

生活中，有的人说话很快，像是打机关枪，一大堆话一口气非得说完；另外一种人则恰恰相反，说话像挤牙膏，慢条斯理，半天也说不出一句来。这两种极端的情况都没能掌握好说话的节奏。

要让孩子明白说话要有节奏，该快的时候快，该慢的时候慢，遇到需要特别强调的事情，或容易使人感到疑惑的地方，如数据、人名、地名等等，说话时应该减速。而任何人都知道的事情，或者精彩的故事进入高潮时，无法控制的感情等应该加速。

提高孩子背诵记忆的能力

情境扫描

（一）初一新生文涛，理科成绩在班里名列前茅，文科成绩却差得一塌糊涂，他很困惑：理科老师夸我脑瓜聪明，为什么学习文科时就变得这么笨呢？人家10分钟就背得滚瓜烂熟的文章，我怎么背20分钟也不熟练呢？

（二）"听老师说，我孩子学习不好的原因就是记忆力差，为了提高孩子的记忆力，我们做家长的想尽了办法，可是成效都不大。"刘女士一谈起自己刚上小学二年级的儿子小军，就连连叹气。刘女士说，小军并不是个贪玩的孩子，平时一放学，他就回家做作业和温习功课，每天的学习时间都很长。小军的班主任曹老师也表示，小军平时学习也很努力，可就是跟不上其他同学的学习进度。小军自己也很苦恼："我也不知道是什么原因，明明反复学过的东西，但总是很快就忘掉了。"现

让孩子成为优秀在校生

在班里有些同学，因为他学习差而不愿和他交朋友，所以他觉得自己过得很不快乐。

记忆力是指孩子的大脑对于经历过的事物进行存储和再现的能力，它是孩子智力发展的基础。对于处在学习阶段的孩子来说，记忆力的强弱直接影响到孩子学习成绩的高低。

上述情境中的孩子都是不同原因导致的记忆力相对较差，他们大多有着以下共同的特点：

1. 注意力不集中；
2. 记得少，忘得快；
3. 记忆缺乏目的性；
4. 记忆方法呆板；
5. 记忆不准确。

 追根溯源

对于孩子的记忆力为何会相对较差的问题，很多父母的认识存在着误区，认为记忆力是天生的。其实不然，孩子记忆力较差的主要原因无外乎以下几种：

1. 有些孩子自认为天资愚钝，缺少应有的自信；
2. 不少孩子对于琐碎的知识不感兴趣，懒得记忆；
3. 部分家长对孩子记忆力的开发不够重视；
4. 缺少正确的科学理念作指导；
5. 多数孩子没有掌握科学的记忆方法，只靠死记硬背，所以事倍功半。

那么，怎样帮助孩子提高背诵记忆的能力呢？

献计献策

一、帮助孩子扫除"记忆力不如别人"的心理障碍

科学家研究表明,除极少数人以外,一般人的记忆力是不相上下的。因此家长要明确地告诉孩子,不要怀疑自己的记忆力,不要感叹自己的记忆力不如别人,要对自己的记忆水平充满信心。

二、尊重孩子,激发孩子的记忆兴趣

兴趣是最好的老师。孩子在兴趣的指引下,会逐渐增强记忆的积极性,对有兴趣的东西往往会表现出很强的记忆力。所以,父母要有意识地激发孩子的记忆兴趣,从孩子的兴趣出发,提高记忆效果。

为此,父母要学会尊重孩子,和孩子平等相处,这样孩子就会生活在一个轻松和谐的环境中,心情舒畅了,孩子的记忆兴趣就会更加浓厚,记忆的效果也会更理想,不仅记得快,而且记得牢。

三、了解孩子记忆的特点,帮助孩子把握最佳记忆时间

记忆的特点是因人而异的。一般来说,人的记忆时间有四个最高峰:早晨起床后,大脑经过一夜的休息,消除了疲劳,记忆的效率最高,适合记忆一些比较难记的内容;8~10点,大脑极易兴奋,适宜学习需要认真思考的内容;18~20点,是归纳和整理知识的最佳时间;晚上睡觉前,适合回顾复习全天学习的知识,重点记忆难记的知识。这四个时间段,脑神经处于高度兴奋状态,思维灵敏,记忆效率高。父母是和

孩子最为亲近、最了解孩子的人，要细心观察孩子，了解孩子的记忆特点，找出孩子的最佳记忆时间以及影响孩子记忆力的因素，让孩子在最佳状态中记忆知识，以达到理想的记忆效果。

四、让孩子掌握遗忘规律

记忆规律也叫遗忘规律。德国心理学家艾宾浩斯通过实验发现，人在学习过程中，遗忘是必然的，但是有科学规律可循。遗忘总是先快后慢，随着时间的推移，遗忘的速度逐渐减缓，遗忘的数量也会减少。

父母要根据这个遗忘规律，教孩子把握记忆的最佳时机。当孩子学习知识后，要及时指导孩子复习，随着时间的增加，可以逐渐减少复习的次数，间隔的时间也可以逐渐延长。

五、为孩子大脑提供科学营养

父母应该明白，孩子较强的记忆力需要健全的大脑以及良好的大脑发育环境，因此，父母要合理安排孩子的饮食，调整好孩子的饮食结构，增加提高孩子记忆力的营养供给。

在孩子的饮食方面，父母要保证孩子摄入足够的蛋白质，它是脑神经细胞间传递信息的桥梁，对增强孩子的记忆力大有裨益。蛋白质主要存在于蛋黄、瘦肉、海鲜、黄豆等里面。父母还要让孩子常吃胡萝卜，这有助于保证孩子大脑的新陈代谢。此外，还要合理搭配蔬菜、水果，如菠萝，里面含有丰富的维生素C和微量元素，热量小，有助于提高孩子的记忆力。

六、让孩子掌握正确的记忆方法

1. 蚕食记忆法

把长远目标分解成若干不同的近期目标，一个一个地实现，一个一个地跨越。每当达到了一个近期目标，就能增强信心，改进记忆效能，提高记忆速度。当达到了所有的近期目标后，所要追求的长远目标也就胜利在望了。而对长远目标的靠近，无疑会更强有力地刺激记忆效能，从而更有效地提高记忆能力。

2. 理解记忆法

在积极思考、达到深刻理解的基础上记忆材料的方法，叫作理解记忆法。这种方法就是借助已有的知识经验，通过思维进行分析综合，把握材料各部分的特点和内在的逻辑联系，使它纳入已有的知识结构，以便保持在记忆中，这种效果优于机械记忆。

3. 联想记忆法

当一种事物和另一种事物相类似时，往往会从这一事物引起对另一事物的联想。把记忆的材料与自己体验过的事物联结起来，记忆效果就好。在外语单词和汉语字词中，有发音相似的，有意义相似的，这些都可以利用联想记忆法来记忆。例如，把字形、字音相近，能互相引起联想的字编成一组一组的，像把"扬、肠、场、畅、汤"放在一起记，把"情、清、请、晴、睛"放在一起记，每组汉字的右边都相同，每组字的汉语拼音也有共性，前一组的汉语拼音韵母都是"ang"，后一组的汉语拼音韵母都是"ing"，这样就可以学得快、记得住。

4. 多通道记忆法

多通道记忆法就是在学习中，充分调动大脑视觉中枢、听觉中枢、语言中枢、运动中枢等各个部位的积极性，进行协同记忆。它对于提高

记忆质量效果显著。苏联心理学家沙尔达科夫通过实验证明：只听不看的记忆能力是60%，只看不听的记忆能力是70%，既看又听的记忆能力是86%。多通道记忆法动员大脑的各部位协同合作，共同接收和处理信息。用这种方法来学习语文、外语等课程，其效果最为显著。

5. 分类记忆法

若将必须记忆的内容按一定要求进行分类，那么，记忆就要容易得多。实际上，分类过程是一个理解的过程，本身就已经具有记忆的功能。孩子一边分类，一边理解，这个内容就已经在记忆了。

如果要记忆下列十种物品：猫、帽子、狗、挂钟、桌子、衣柜、眼镜、鹦鹉、鞋子和戒指。让孩子使用反复背诵的强记方法也可以，但往往要花比较多的时间，并且过不了多久就会忘记。为了便于记忆，我们可以让孩子把上述的十种物品先加以分类，比如：猫、狗、鹦鹉是动物，帽子、眼镜、鞋子、戒指是穿戴在身上的东西，挂钟、桌子、衣柜则是家里的摆设。把这些物品加以分类之后，就容易记忆了。

6. 谐音记忆法

这是让孩子利用谐音来帮助记忆的一种方法。许多学习材料很难记忆，在它们之间不易找出有意义的联系，例如，历史年代、统计数字等等。如果对这些学习材料利用谐音增加某种外部联系，这样就便于存储，易于回忆。

据说，有位老师要上山与寺庙里的和尚对饮，临走时，布置学生背圆周率，要求他们背到小数点后22位：3.1415926535897932384626。大多数学生背不出来，十分苦恼。有一个学生把老师上山喝酒的事结合圆周率数字的谐音编了一句顺口溜："山巅一寺一壶酒，尔乐苦煞吾，把酒吃，酒杀尔，杀不死，乐而乐。"待老师喝酒回来，个个背得滚瓜烂熟。这位聪明的学生就是利用谐音法来帮助记忆的。

7. 口诀记忆法

心理学研究表明，人的记忆是以"组块"为单位的，每一个组块内的信息量多少是相对的。一个字可以看作一个组块，一个单词、一个词组也可以看作一个组块，一个句子也可以作为一个组块。组块内部的信息不是各自孤立的，而是相互联结的。如果善于把记忆材料分成适当的组块，就能够大大提高记忆效果。口诀记忆法就是符合组块规律的一种记忆方法。

例如，我国的二十四节气歌，"春雨惊春清谷天，夏满芒夏暑相连。秋处露秋寒霜降，冬雪雪冬小大寒"。朗朗上口，容易记忆，在劳动人民中世代相传。

除二十四节气歌外，乘法口诀、珠算口诀、五笔字型输入字根表等，都是运用口诀记忆法进行记忆的例子。

8. 串词记忆法

当小学生在背诵课文，尤其是长篇文章时，常常需要利用串词法，串词法的要领是：

（1）在内心或用做记号的办法将文章分成几部分，每一部分要含有一个最重要的思想内容，做这项工作时，可以参照文章已有的划分法，如文章的自然段等。

（2）针对每一部分确定一个中心词。中心词数量不能太少，以免漏掉某个重要的思想内容；但也不能过多，以免词串太长。

（3）每个中心词都必须保证能够借以回忆起相应的那个部分的内容。

（4）每个中心词都要便于与相邻的中心词串联。

（5）所有中心词都确定之后，要按照与文章各部分先后顺序相吻合的顺序抄写下来。

（6）根据各中心词与其相应的语段的联系，针对各中心词提出问题，并通过复习将这些联系牢牢记住。

让孩子成为优秀在校生

人的记忆潜能是巨大的。著名科学家冯·诺依曼通过研究认为，人一生的记忆储量，相当于七八千万册图书的信息量。然而，我们所利用的大脑潜能只是极少的一部分，一个人一生最多只发挥了大脑潜能的10%。如果父母能够意识到记忆力对孩子的重要影响，教给孩子科学的记忆方法，打造孩子"照相机式"的大脑，孩子的智力将会得到事半功倍的发展。

让孩子爱上阅读

情境扫描

　　雪倩妈妈自从女儿升入初一就开始了她的烦恼。雪倩总成绩在班上名列前茅，唯一不足的就是语文学科，基础知识下点功夫倒没多大问题，可是最大的问题是做阅读题读不懂文章内容，作文语言不生动。咨询过语文老师才知道，主要是孩子从小不爱读书的缘故。为了弥补这种状况，她去书店给女儿买了好多书，但女儿大多是只看了个开头就不愿意再翻看下去。

　　身为父母，我们都希望自己的孩子能够"知书达礼"。很明显，要实现"达礼"的目的，"知书"是一条很重要的途径。热爱阅读不仅可以开阔视野，增长知识，提升自我，还可以陶冶性情，对树立正确的人生观及价值观，甚至对人的一生都起着很重要的作用。

　　可是，在当下这个高速发展的信息时代，更加具体形象的电视、电

让孩子成为优秀在校生

影远比读书要有趣得多，电脑的普及使得更多的孩子迷恋上网络游戏。像上述这位妈妈所面临的孩子不爱读书的教育困惑，在当今家庭中其实极为普遍。可以说，视阅读为苦差事，没有良好阅读习惯的孩子正在与日俱增，其具体的行为表现大致有以下几种：对书籍没有兴趣，一拿起书就迷糊、犯困；读书没有耐性，一本书只看看开头与结尾，或者只读读开头就读不下去了；对阅读比较有兴趣，然而所选择的书籍比较肤浅，不喜欢读比较深奥的作品；阅读时只走马观花，一味关注故事情节，不能对精彩的地方进行反复阅读和品味。

 追根溯源

其实这些孩子不爱读书，不外乎以下几种可能。

一、孩子没有认识到阅读的重要性

作为家长，因为切身体验过阅读带给我们的好处，或者是不阅读导致的不足，所以我们才会不断地提醒孩子要读书。可是孩子因为缺少这方面的体验，大多数孩子并非真正理解为什么要读书。有的家长总是一味地告诫孩子要多读书，读好书，甚至剥夺孩子玩的时间让他们"看书去"；还有的家长总是拿别人的孩子与自己的孩子比较："你怎么不像某某某那样爱读书？"可是孩子却对这种好像是被逼迫做的事情感到无奈，甚至产生厌恶感，结果适得其反。

二、没有良好的家庭阅读氛围

美国作家理查德曾经真诚地劝告人们："关掉电视，去阅读伟大的著作,它会开启你的智慧之门。"据一些学者的调查显示,如今一个二十岁左右的人,至少已经花了两万个小时看电视。可见,电视已经疯狂地掠夺了人们宝贵的阅读时间,是让人们冷落文字的罪魁祸首。另外,网络在改变人们的生活、学习方式的同时,给孩子带来的弊端也是不言而喻的。很难想象,一个整天开着电视,父母只知道上网、打麻将的家庭,孩子会沉浸在阅读之中。

三、没有适当的早期读物

孩子天生喜欢玩具,并非天生就爱看书。孩子爱不爱看书,喜欢不喜欢阅读,与父母的引导很有关系。可是许多父母功利性太强,给孩子买的书不是同步训练,就是一些作文书。在孩子眼里,这类书本的知识太枯燥无味了,孩子喜欢的童话故事、科幻故事、动画故事,父母却很少给孩子买,让孩子爱上不喜欢的东西,谈何容易。

四、缺乏有效的阅读指导

阅读需要掌握方法,诚如作家赵丽宏在其散文《永远不要做野蛮人》中说道:"光有读书的欲望,恐怕还不行,还有一个怎样读书的问题。"现实中的不少家长误以为花钱给孩子买来图书就万事大吉了,殊不知,让孩子由不爱读到自主去读,由不会读到会读,是需要家长适时、正确地引导的,否则,买再多的书也无济于事。

由此可见,孩子不爱阅读,家长有着不可推卸的责任,那么,作为父母应该如何培养孩子的阅读习惯呢?

让孩子成为优秀在校生

献计献策

一、引导孩子认识阅读的重要性

书籍对于人类的重要性，孩子可能一时无法理解，但是家长可以从细处、小处做起，强化其"读书重要"的意识。曾有这样一位明智的家长，从孩子很小的时候起，就专门给孩子准备了一个书架，是一个小的架子，只有四层。后来随着住房条件的改善，家具不断更换，但是每一次更换，首先必买的就是孩子的书柜，而孩子在每年生日那天收到的礼物中一定有她喜欢的图书。他这样做的目的就是想让孩子意识到读书很重要，是一生中不可或缺的事情。在家长刻意的心理暗示下，在家长时时处处的熏陶、影响下，孩子从小就意识到书籍的重要性，并且喜欢上了阅读。

二、营造良好的家庭阅读氛围

家长可以为孩子准备一个舒适的读书环境，选择一个光线良好和视野开阔的房间，备好书橱和桌椅，精心选择一些适合孩子的读物和工具书，墙壁贴上爱读书的名人肖像和名人警句等。家长要引导孩子控制看电视和上网时间，要尽量地留有富余时间进行纸质文字阅读。当然，这并不是否定电视和网络对学习的作用，只是不要让它们影响了孩子获取知识的主渠道。尤其值得一提的是，家长的示范作用和良好的家庭读书氛围是使孩子喜欢读书的关键。家长要以身作则，在空闲之余孜孜不倦地读书，为孩子提供良好的榜样。有些家长会抱怨说自己工作太忙了，没有时间去读书，尤其是没有时间陪孩子读书。其实爱读书的人是不会以太忙为借口而放弃读书的。要想给孩子提供一条探索世界的捷径，要想让孩子形成受益终生的好习惯，家长应该首先做好示范。

三、顺应孩子的心理特点，正确选择孩子"爱看"的第一批书

在孩子学习阅读的初期，父母一定要对提供给孩子的书刊进行精心的挑选。书刊的内容和外观色彩要尽量迎合孩子的心理，不要以成人的眼光去衡量书刊的内容，不要以为"有用的"就是可以给孩子看的。在孩子看来，花花绿绿的昆虫、活泼可爱的大小动物、凶猛奇特的外星人和怪兽，要比大人心目中的A、B、C、D和1、2、3、4有趣得多。因此，在早期，应尽量给孩子提供一些印刷美观、漂亮，内容丰富、有趣，情节发展符合儿童想象和思维特点的图画书，如动物画册、彩图科幻故事等等。

我们还应该给孩子自主选择权，让孩子挑他自己喜欢的书。你可能会认为，孩子不会挑书，他挑的书可能是没品位的。的确，孩子尚小，对挑选图书缺乏经验，还不具备对图书的鉴赏能力。因此，在孩子挑书时，你可以在一旁指导，给孩子提建议："你看这本书，里面的字号太小，对你的眼睛不好，里面的插图也比较粗糙。""你看这本是不是比刚才那本更好呢？"这样的建议一般孩子是能够接受的。如果孩子不接受你的建议，不要强求孩子接受，读书的品位是随着读书内容的丰富而提高的，不是一天两天形成的。强求孩子接受，孩子会有抵触情绪，从而放弃读书。我们总不能为了一本所谓有品位的书，毁掉孩子的读书兴趣吧。需要提醒家长的是，如果孩子特别喜欢阅读，可选择稍微高于孩子实际水平的书籍。相反，如果孩子不喜欢阅读，可以选择略低于孩子实际水平的书籍，以免挫伤孩子阅读的积极性。

四、善于激发孩子的阅读兴趣

1. 说。吃饭、做家务时，如果孩子在场，一定要向爱人津津有味地谈论自己看过的书或正在看的书（当然不是高深的专业书或理论书），或者有意识地就书中的问题同其辩论。如果发觉孩子被吸引时，一方可以把孩子当成大人，征求孩子的意见，让孩子也帮自己说。如果说不清，可以翻开书，共同阅读相关的内容，或者找到相关的内容，让孩子替你读出来。也可以常常提问孩子所看书的内容，同孩子讨论，让孩子觉得自己所看的书，大人也喜欢，让他的读书行为得到认同，产生自豪感。还可以说说新书的销售量，新书的作者或者所获得的奖项，以此勾起孩子阅读的欲望。说说书中几个细节对自己的影响，或对一代人的影响，让孩子感觉到图书具有神奇的力量。

2. 听。很多人爱读书，其中重要的原因就是听了那些精彩的评书、小说，听着不过瘾，听着着急，才到处去寻书、读书的。因此，好的广播节目，如小说评书连播、诗词朗诵等，不妨定时收听，孩子或许由此就爱上了读书。

3. 读。优美的篇章一起读。你一段，我一段，分角色朗读，有时还可以角色反串特意让孩子读大人的话，父母读孩子的话。如果有条件，可以录音。以此让孩子感受到阅读的温暖，让孩子的思想和情操在朗读中得到陶冶。

4. 讲。绘声绘色地讲书中精彩的片段，最紧要处戛然而止，故意留下悬念，把书"藏"起来，故意没有时间进行"下回分解"。当孩子的胃口已被吊足，他自己不去找书看才怪。当然，所讲的书的内容，一定要适合孩子的年龄和性格特点。

5. 看。看电影也是我们家长引导孩子看书的一种好办法。看几部经典大片，然后找原著来读，孩子就会知道电影与原著的差别，懂得看书会知道得更多，从而不断地去读书。

6. 请。邀请爱读书的家长朋友或孩子朋友来家做客，交换阅读书籍，交流读书心得。让孩子以书交友、会友，以书友来增强读书兴趣，以书友来肯定自己热爱读书的成果。

五、进行阅读方法指导

上述情境中，雪倩的父母意识到不爱阅读给孩子带来的不利因素，后来便和孩子一起制订了一个具体的阅读计划，计划中列出了每周需要阅读的书目和时间安排，给出完成计划后的奖励方案。最初的阅读计划是在家长的帮助下制订的，几个星期之后就让雪倩自己制订读书计划，并根据情况帮助她进行修改。在指导雪倩阅读的过程中，还注意指导她如何略读一本书，如何对自己认为精彩的地方反复阅读，并在此基础上选择比较生动的（以比喻句、拟人句、排比句、夸张句及细节描写为主）以及蕴含哲理的句段做好阅读积累，指导她围绕文章中心、写作方法等来写阅读后的感想。

另外，在雪倩阅读的初始阶段，她的父母还注意根据阅读的情况及时给予客观的评价，如果她完成了阅读计划，就及时地给予奖励。奖励是鼓励孩子读书的动力，随着孩子自我评价观念的形成，奖励便逐渐从物质性奖励向精神性奖励转变，为孩子营造了一个良好的读书心境。

让孩子成为优秀在校生

让孩子爱上写作

在所有学科中志群最不喜欢语文,因为他最发愁写作文。志群读过不少书,尤其喜欢阅读历史、百科知识、科幻类书籍。但每到写作文时,志群就像霜打的茄子,怎么也打不起精神。一会儿翻翻作文选,一会儿上网查查资料,一个小时也写不出几个字来。东拼西凑好不容易写出来,要么离题千里,要么内容空洞,再仔细读读,有些语句还不通顺,更不用说语言的表现力了。志群其他学科都很优秀,语文总体成绩也处于中上游,但每次课堂作文或者考场作文成绩都不理想。志群的妈妈很困惑,孩子看的书也不少,怎么就是不会写作文呢?

像志群这样对作文感到头痛的孩子非常普遍,有些孩子语文总体成绩还可以,但一提写作就打怵;有些孩子一写作文就照搬"范文",写母爱不是妈妈送伞,就是深夜背发烧的"我"上医院,根本没有真情实感;有些文章看起来洋洋洒洒,一挥而就,实质上写的形同流水账;还有些孩子作文课上,一会儿动动笔,一会儿瞅瞅同桌,要么索性呆坐着半天也憋不出一个字,最后应付两三百字完事……

孩子对写作缺乏兴趣,写作时思维处于疲乏状态,硬着头皮写出来的文章,往往言不由衷,索然无味,个性得不到张扬,还谈什么语感、想象力、创新思维的培养?

造成孩子"作文难,难于上青天"的原因何在呢?

 追根溯源

1. 生活积累不够,写作时缺乏源头活水。有些孩子面对作文题目,抓耳挠腮,总觉得无话可说,无事可写。即使写出一点东西,也是人云亦云,内容空洞,缺乏真情实感。从小学到中学,学习环境、学习内容、同学交往、心理生理等都发生了许许多多的改变,但为什么有些孩子对生活的感受却一如既往,缺少新的理解和感悟呢?因为他们对周围的一切熟视无睹,缺乏对生活的观察思考,要么视而不见,要么见而不思。

2. 阅读积累不足,"巧妇难为无米之炊"。现在的孩子很少能静下心来读书,因为他们有太多玩的方式。影视剧、网络游戏以离奇的故事和梦幻般的色彩占据着孩子的心灵空间;手机、电子游戏机等具有强大的诱惑力剥夺着孩子的阅读兴趣。玩的方式多了,读书的时间就少了,不少孩子的阅读时间仅限于课堂。阅读量少,不仅导致知识面窄,而且直接影响语言的感受力和表达力,导致孩子语言贫乏。还有一类孩子看的书确实不少,但由于不会挖掘、运用书中的资源,阅读时走马观花,只追求新奇的故事情节,对作文的帮助极少,写作文时,往往还是无话

可说。上述情境中的志群就属于这种情况。

3. 表达能力欠缺，不知如何落笔。有些孩子此人、此物、此景都在眼前，但由于欠缺表达能力，心中有话就是写不出来，形容不出来，或者即使写出来也是词不达意。孩子之所以不知从何说起，不知先说什么，后说什么，是因为孩子用来思维的内部语言和用来表达的外部语言不一致，没有完成内部语言向外部语言的转化。

4. 没有掌握写作技法，不知从何入手。有的孩子对作文不感兴趣，对老师写作方法的指导也不感兴趣，不用心听讲，随听随忘，阅读时也不注意揣摩作者的写作技巧，更不用说去实践了，所以不知道如何写也就理所当然。

5. 缺少写作兴趣，不愿动笔。有些孩子由于从写作文起从未有过成功的体验，从未得到过老师的表扬，时间久了，一见作文就有畏难情绪，对作文失去了兴趣，甚至认定自己"天生就不是写作文的料"。这种不自信的心理，也是导致他们讨厌作文的原因之一。

 献计献策

一、引导孩子从生活中积累素材

家长要引导孩子明确生活是写作的源泉，作文就是把平日的所见、所闻、所做、所想写出来，叙述喜闻乐见的事情，刻画具体可感的人物，描写时时变化的风景，抒发自己的真情实感。

家长还要注意引导孩子善于定格"生活小镜头"，捕捉家庭中一个个真切的镜头，记录校园里一个个令人难忘的片断，描绘自己对社会现象的看法，书写自己的憧憬与理想并将其转化为观察日记。初写时可以不限时空，不拘形式，不论字数，不管文采，引领孩子让心灵的活水无拘无束地流淌,让他们自然地进入写作佳境。如果孩子能天天坚持,日积月累,时间长了,积累材料就多了。到写作文时,平日积累的材料就会源源而来,他还会再抓耳挠腮苦思冥想吗?

二、指导孩子在阅读中积累材料领悟技法

1. 读中积材料

引导孩子多读书,多积累一些好文章,对孩子的写作大有裨益。我们都熟知杜甫的名言"读书破万卷,下笔如有神",孩子的知识丰富了,写文章时才能思路开阔,旁征博引,生发联想,从而使文章的内容丰富多彩。那么,家长怎样引导孩子从书中汲取营养,积累写作素材呢?

(1)设立"词句百宝箱"。让孩子把书中的精彩句段、精辟理论、历史典故、警句名言、重要史实等摘录下来,以便日后查阅。

(2)整理"灵感集萃"。让孩子随时记录读书时的看法、见解和感悟,可以让孩子直接写在页眉、页脚或书中其他空白处,这样,既能让孩子多练笔,也能让孩子养成善于捕捉灵感火花的习惯。

(3)整理"报刊剪辑"。让孩子阅读时,将报刊中喜欢的文章剪辑下来,分类整理,这是一种既简便又节省时间的积累材料的方法。

(4)建立"电子资源库"。家长可以指导孩子从网络中筛选出优秀的电子文档,并利用文件夹分门别类进行保存。

2. 读中悟技法

文无定法,作文不能千篇一律,千人一面,要提倡洒脱自如,不拘一格,但任何事物又都有规律可循,作文也有基本模式可以仿效。所以家长指导孩子阅读时,要引导孩子仔细品味,揣摩作者的技法,并把它运用到自己的写作中。

（1）引导孩子领悟他人观察事物的方法。如读写景的文章可以让孩子学习作者按一定的顺序，调动多种感官观察事物的方法。引导孩子捕捉作者写景时是按照时间顺序、空间顺序，还是移步换景的顺序来组织文章；作者写景时怎样调动视觉、听觉、触觉、嗅觉等多种感官来写景；观察时如何做到动静结合、点面结合，抓住了哪些富有特征的事物进行描写；描写时突出了事物怎样的特点……

（2）引领孩子学习文章选材和组材的方法。首先引导孩子关注题目，明确题目就是文章的眼睛；然后明确文章的题目和主要内容之间的联系。其次，引导孩子在理解内容的基础上，领悟如何紧扣题目，围绕中心选材。最后，分析文章组织材料的方法，引导孩子思考分析课文围绕着中心，哪些地方写得详，哪些地方写得略。这样经过反复阅读、指导，让孩子理解写作不仅要围绕中心选材，取材上还要详略得当，重点突出。

（3）引导孩子体会文章的写作方法。有些文章在写作方法上有独到之处，值得借鉴模仿。例如：对比手法，欲扬先抑的写作手法，正面描写与侧面描写相结合，象征手法，等等。家长可以引导孩子进行揣摩，学习其独特的写作手法，并运用到写作中去。

（4）引导孩子品析作者遣词造句的方法。在阅读过程中，家长还应有意识地引导孩子体会作者遣词造句的深意和新意。如有意识地引导孩子在文章中发现意蕴丰富的成语、四字短语，并进一步引导孩子理解词义；体会表意恰切的动词、形容词和声情并茂的叠音词的表达效果等。在此基础上，让孩子学习使用这些词语，如让孩子运用这些词语，写一段中心明确、语义连续的话。在阅读时家长还要注意引导孩子找寻有特色的句子，如比喻句、排比句、拟人句、夸张句等进行赏析，并让孩子仿写。如果经常进行类似的训练，孩子的词汇量会逐渐丰富起来，驾驭语言的能力自然会得到明显的提高。

三、引导孩子在体验中写作

让孩子在充分的体验后进行写作，能有效减轻孩子写作的心理负担，激发写作兴趣。

1. 先做后写。如让他们学习新技能，如学自行车、学泥塑、学滑旱冰、学剪窗花等；还可以让他们参加家务劳动，如整理自己的房间、学洗衣服、学包饺子等；也可以鼓励他们拆装玩具，尝试完成一些科技小制作等等。让孩子在学习的过程中亲身实践，体会成功的欢乐，总结失败的教训，随时记录其中的喜怒哀乐和酸甜苦辣。

2. 先玩后写。爱玩，是孩子的天性。有趣有益的活动是他们最爱参与的，因此，家长要注意丰富孩子的校外生活，可以举行家庭谜语竞猜、家庭聚会，或者与孩子一起爬山、野炊、旅游等，让孩子参与其中，然后让孩子记录其中难忘的场面或故事，记录独到的感受与体验，写出玩之乐、玩之趣、玩之悟。孩子玩时家长可以引导孩子去观察、体验，比如与孩子一起去摘樱桃时，可以引导他们先看果园的整体风貌，再看局部；先看樱桃外观，再摸一摸、闻一闻、尝一尝，当然这一过程不必刻意去做，以免破坏孩子的兴致，让孩子萌生"为写作而看风景"的想法，产生抵触情绪。

3. 先想象后写。想象是儿童的天性，孩子的想象越丰富、越活跃，语言表达也会越生动、越有情趣。在生活中，家长不妨静下心来听一听孩子的奇思妙想，甚至可以与孩子一起异想天开，进入时空隧道，玩玩"穿越"。想象自己飞天遁地，超越时空；想象自己是市长，自己成为超人；想象十年、二十年后社会的变化……然后鼓励引导他们将自己神奇的构思，通过大胆合理的想象，书写成一篇篇构思独特，充满奇思妙想的作文。

让孩子成为优秀在校生

四、用激励点燃孩子的写作热情

家长在评价孩子的作文时，要善于发现文章的闪光点，真诚而不吝啬地激励孩子，让他们体验到成功的快乐。新颖的构思，想象力丰富的内容，妙言巧语等都可以勾画出来，与孩子一起品尝创新带来的喜悦……对孩子自我感觉良好的文章，家长也可以把"表扬权"直接交给孩子，让孩子谈谈自己写作中的"闪光点"，让他们自己发掘自己文章中的独到之处，增强孩子的自信心与自豪感。

另外，家长也可以提笔写写自己读完孩子作文后的感受，与孩子一起品尝成功的喜悦，并委婉地提出修改建议。也可以将孩子的优秀文章整理出来，张贴在家里，或者推荐孩子的文章发表于网站或报刊中，激发孩子的创作兴趣。

总之，只要家长因势利导，多方面、多渠道地诱发孩子写作的兴趣，引导孩子观察生活，获得丰富的写作素材，促使孩子养成好读、善读、乐思、多写的好习惯，孩子会渐渐觉得写作如同说话一样平常，想说什么，就写什么。也许有一天你会发现孩子已经爱上了写作，他也能文思如泉涌，而且笔端流金溢彩。

让孩子养成践行计划的习惯

情境扫描

段鑫写作业很随性,写写玩玩,从不计划用多长时间。小学时,别人一个小时就能做完的作业,他需要做两个小时。上初中后,有作业的科目多了起来,同学的作业基本上晚上九点左右就写完了,可他到晚上十点多也写不完,早上六点又开始写,写到七点多,有时仍然完不成。而且他平常做事也不利索,总喜欢拖着,结果越拖越不愿做,最后只好荒废。三年级时,看同学在溜冰场上花样百出,便嚷着让妈妈给买旱冰鞋,说自己以后每天要练两个小时,可是练了不到一个星期,就坚持不下去了。五年级寒假时,跟妈妈说要好好练字,每天练一页,结果只练了两三天,就再没练过……

践行计划指按计划有效地做事,也是一个人面对工作、学习、生活

 让孩子成为优秀在校生

的良好习惯,更是一种积极的生活态度。做事有计划,不仅能帮助孩子有条不紊地照料自己的生活,也能帮助他们更好地学习和处理各种事情,从而获得成功。

可是日常生活中,许多孩子凭兴趣做事。两个月的暑假,作业不到最后两三天不动笔;下决心每周弹熟一首曲子,钢琴要考过十级,结果一周也没碰过琴;计划双休日写完作业后将本周的功课复习一遍,结果周日晚上十点了还在突击写作业……这些孩子跟上述情境中的段鑫一样,做事要么缺乏计划性,要么心中有计划,可付诸实际时仅凭三分钟热度,结果不是虎头蛇尾,就是半途而废,不能善始善终。

 追根溯源

造成上述现象的原因比较复杂,具体来看有以下几种。

1. 孩子的年龄与心理特征所致

孩子的特点是喜欢玩耍、游戏,注意力容易分散,做事缺乏持久性,自我约束能力较差。这些特点导致大部分孩子对于那些需要勤学苦练、比较枯燥乏味的事情,比如练琴、复习功课等有畏难情绪,容易产生排斥心理,所以即便制订了计划也总是一拖再拖。如果迫于压力实在拖不过,也会玩一会儿,做一会儿,经常不能按计划有效完成。

2. 孩子缺乏时间观念

有些孩子对自己要做什么事情,每件事需要用多长时间,没有一定的计划,只是凭兴致所至。有些孩子订好了计划却总是不能按时完成,常常把当天要做的事情推到第二天去做,还在心里安慰自己:还有明天呢!他们不去想如果总是不能完成计划安排的内容,明天又要拖到后天,长此以往,只能永远也做不完。

3. 家长的教育方法不当

有些家长对孩子从小就宠爱有加，要求不高，孩子无论提出什么要求，都尽量满足，这样孩子的许多事情都由家长包办代替。在这种环境中成长起来的孩子缺少独立做事的能力，意志力比较差，遇到困难就改变计划，绕道而行。

有些家长则对孩子的要求太高，不懂得做事没有计划是孩子的一种自然反应，符合孩子的年龄和心理特征，所以他们经常以大人的标准来衡量孩子。当孩子的实际能力无法达到时，对孩子不是引导、帮助，而是动辄批评、呵斥，导致孩子产生破罐子破摔的心理，潜意识觉得自己天生就是一个做事拖沓、毫无计划的人，已经无药可救。

4. 家长的影响熏陶

家长是孩子的榜样，其言行及作风习惯，都可能成为孩子模仿的对象。有些家长做事时想起什么做什么，缺少计划性。比如，原先跟孩子说好双休日要带孩子去爷爷家，结果又毫无准备地带孩子去洗海水澡，泳装、泳镜、太阳帽一应物品都没带，又临时去买。又如有时在孩子面前说以后要经常跑步，每周坚持跑步三到四次，结果并没有按计划做完。如果家长经常这样做，孩子在无意中就会受到影响。

让孩子养成践行计划的习惯是指让孩子能合理安排要做的事情，而且做事时有规划，有准备，有目标，有措施。那么，怎样才能让孩子养成这种习惯呢？

献计献策

一、指导孩子合理规划，明确目标

让孩子养成践行计划的习惯，首先要让他做到有时间观念，学会珍

惜时间，今日事，今日毕，不能吊儿郎当，把事情拖到明天。

1. 有合理的规划

由于大部分孩子缺少时间观念，对做一些事的时间需求量不是十分清楚，所以家长应该帮助孩子合理安排时间，对某阶段要做的事情进行合理的规划，有具体明确的时间规定。如每天用半小时复习当天的功课，一个小时完成作业，在一个星期内学会做某种家务等。

2. 有充分的准备

作为家长，要引导孩子明白不管做什么事，既要有心理方面的准备，如完成计划的自信心，猜想可能遇到的困难，可能遇到的惩罚等，也要有必要的物质准备。如和孩子去爬山，要和孩子一起探讨行进的路线，出行方式，准备的物品，如水、食物、绳索、手电筒、创可贴等，预设可能遇到的困难等，在探讨中培养孩子做事的计划性。

3. 有具体的目标和措施

家长要指导孩子规划好在某一个阶段，要达到什么目标，采取什么措施。以晚上学习的时间规划为例，孩子的主要任务是复习、做作业和预习。首先复习，将今天有作业学科的知识点回顾一遍，安排三十分钟；然后写作业，不超过一个半小时，而且要保质保量；最后预习，时间不少于三十分钟，预习时要圈点勾画，能提出问题。

二、鼓励孩子劳逸结合，兼顾兴趣

计划安排得太满，会使孩子长时间处于紧张状态，得不到放松，久而久之，孩子会觉得压力重重。时间安排得太松，又会助长孩子懒散的作风。既张弛有度又兼顾兴趣的计划能帮助孩子更有效地达到目标。所以帮助孩子制订计划和实施计划时一定要量力而行，循序渐进，不要急于求成，挫伤孩子的自尊心和积极性。

另外，家长还需要帮助孩子把兴趣制订到计划里，这样孩子在完成计划时就有了劲头。但兴趣只能成为计划的佐料，不能成为计划的主体。比如说，孩子都喜欢看动画片、玩游戏，这些东西绝对不能无节制，需要有严格的时间限制，需要孩子在完成学习任务和保证充分的活动量、足够的睡眠的前提下进行。

三、引导孩子践行计划，高效做事

在现实生活中，有的孩子一味追求做事的速度，却忽略了做事的效率，对此，家长可从以下几方面进行引导。

1. 专心致志，讲求实效

在执行计划的过程中，不要只管做没做，还要引导孩子一次就把事情做好，做到位，在某个时间段里，只专心做一件事情，用最快的速度把事情完成，然后再进入下一项。如果一天需要完成的事情比较多，有些孩子就会着急，这件事情做一点，那件事情做一点，这样来回折腾，忙活了一天，结果哪件事情也没有做好，这样即使计划做得再好也无法带来高效率，得不偿失。

2. 化整为零，各个击破

孩子同时面对几件事情的时候，往往愿意选择容易的、自己喜欢的、做起来顺手的先做，把不容易做的、不喜欢做的放在后面。事实上，很多重要的事可能都是不容易完成的，这时候就需要家长指导孩子完成。家长要帮助孩子分析这件事难在哪里，这些困难用什么样的方法可以解决，如果将其分为几个步骤，化整为零，分别需要多长时间等等。当孩子意识到，其实只要一步步去做，困难并没有想象得那么难以战胜，以后面临同样的情况时，就不会畏缩不前了。

3. 每日小结，总结反思

"每日小结"容易让孩子发现自己执行计划时的遗漏，清楚自己的得失，总结经验教训。小结的方法有很多，可以在睡前用谈话的形式引导孩子小结：今天都做了什么？是否完成了阶段计划的目标？哪些地方有进步？有什么特别的体会？还有哪些不足？……也可以引导孩子采用记日记的形式，把计划制订、实施情况、心得体会做简单的记录。还可以制作表格，让孩子在表现优秀的地方贴上"笑脸图"，表现不足的地方贴上"哭脸图"。不过，家长还要注意小结的过程越简单越好，小结不是目的，是为了更好地完成计划。

四、注重方法，对孩子严格监督

生活中，虽然大多数孩子制订了做作业和花零用钱的计划，却还是会作业写到一半就去看动画片，或一个星期将本月的零花钱全部花光。订计划容易，履行起来较难，这就需要家长监督执行。监督孩子执行计划要注意以下几点。

1. 严格执行，赏罚分明

如果孩子制订了计划，却不执行，或者计划执行了一半就不再坚持，这时家长就要提醒孩子按计划完成，如果在规定的时间内仍旧完不成，就要施行处罚措施，如扣除零用钱、缩短游戏时间，第二天还要责令在不影响当天计划落实的情况下把前一天未完成的补上。这种强制性的措施在开始实行时，可能会遭到孩子的强烈抗议，但是家长不能妥协，要坚持执行。只要养成习惯，孩子自然就会按计划去做。当然，如果孩子顺利、成功地完成了某一阶段的计划，比如寒假计划如期完成，钢琴考级如期通过等，父母要给予表扬和鼓励，可以全家集体出游，或者给孩子买喜欢的玩具、书籍等，通过奖赏激励孩子科学安排并圆满完成以后的计划。

2. 适当调整，灵活处理

家长监督孩子执行计划时要注意严格但不呆板，如果发现制订的计划超过了孩子的承受力，或者孩子遇到突发情况，完全可以灵活处理。比如说做寒假计划，每天安排一个小时或者两个小时做作业。平时问题不大，但是过年那几天，需要轻松一下或走亲戚，做计划时家长要提醒孩子，把过年那几天的学习任务平均分配到春节前后的时间里。但是有很多意外是预见不到的，如果因此耽误了计划的执行该怎么办？要把"可对换"充分体现在计划里，如孩子原计划是上午八点到十点学习，但是九点钟有几个同学来家里玩，那么剩下的一个小时就可以放到下午，把下午的外出活动时间提到上午——等于把两个时间对换了一下。当然，这么做有两个前提：一是要保证计划好的事情一定要做到；二是如果实在不能同时完成，重要的事情一定要做好。

五、做好表率，培养孩子的意志力和进取心

要让孩子做事有计划，家长首先要做好表率，做到做事有始有终，计划要做某件事，一定要坚持到底，不半途而废。比如，对孩子的计划落实情况进行检查，无论多忙，都不找借口推辞，必须做到检查及时，坚持到底。同时经常提醒孩子注意父母做事是怎样克服困难坚持不懈的，让孩子学习、仿效。另外，家长要培养孩子的意志力和进取心。当孩子遇到困难打退堂鼓时，家长要给予鼓励、指导，帮助孩子想办法，以防止孩子灰心丧气。相反，如果孩子想不出办法或者不愿去想，有偷懒或依赖家长的迹象，家长不可给予帮助，而应注意说服鼓励，必要时给以批评并监督孩子独立完成。这样经过长期培养，孩子有了较强的意志力，有了不甘落后的进取心，有了内驱力，践行计划就会成为一种自觉的行为。

 让孩子成为优秀在校生

让孩子学会反思

  晓丽换新同桌已经三个星期了,几乎天天回家诉苦:同桌小气、霸道、上课交头接耳、背后说人坏话……总之,一身的毛病,闹着让妈妈找老师给换同桌。妈妈怕长此下去,影响孩子的身心健康,只好跟老师商量给她换。可不到一周,晓丽又埋怨开了:同桌不守纪律,学习不好,上课老是喜欢问问题,下课还在座位上吵闹……又让妈妈找老师。短短半年的时间妈妈帮晓丽找了三次老师,换了四个同桌,每次她都能罗列出同桌的一大堆毛病。晓丽的爸爸反对妈妈的做法,说晓丽的妈妈太纵容晓丽,哪个孩子身上没有缺点,晓丽的眼睛不能只盯着别人的毛病,要学会反思自我。

  反思是一个人总结经验教训,求得进步和发展所必须具备的行为品

质。反思，可以让人明白对错、成败、得失，有利于在今后的行动中避免错误，减少损失。简单地说，反思就是进步。善于反思的孩子，就等于掌握了自我完善和健康成长的秘诀。拥有反思品格的人如同一个智慧的探险家，一边行进，一边回头审视自己走过的路途，他们不会犯同样的错误，也不会安于现状、停滞不前，所以路途中自然就多了一份平坦与胜算。

有些孩子不懂得反思自我，明明自己有错却总能罗列出他人的一大堆毛病。上学总迟到，还振振有词，说家长没早点叫自己起床；不写作业、逃学，理由是作业太多，家长管得太严；考试失利，埋怨老师批卷太严，小组长对自己不负责任；跟同学不团结，原因是同学小心眼、蛮不讲理……总之，99%的"错误"不在自己。这些孩子在犯了错误或者遭遇挫折时，根本认识不到自己的错误所在，更不用说扪心自问、反思自我了。

那么，是什么原因造成他们不懂得自我反思呢？

 追根溯源

一、与孩子的年龄、心理特征有关

孩子年龄小，心智尚未成熟，自我反省的内在人格智力还处于萌芽阶段，再加上阅历太浅，经验不足，导致孩子对自己的行为和言语缺乏反省的能力。其实即便是成年人，当事与愿违时，也常常由于事情复杂或错误的思维方式致使当时不明真相，忽略了自我反省的过程。孩子就更不用说了。

二、与孩子缺乏责任心有关

有的孩子缺乏承担责任的勇气，遇到困难或是犯错误后，怕受到家人的埋怨指责，怕老师、同学知道真相后批评、嘲笑，所以第一个念头想到的往往不是反思自我，而是如何掩盖真相，逃避、推卸责任。这种缺乏责任心的孩子一般不会反思自己的做法会给自己、家长和班级带来多大的麻烦，造成怎样的后果。

三、与孩子的成长环境有关

有些家长对孩子宠爱有加，处处以孩子为中心，孩子自然习惯了以自我为中心。就如上述情境中的晓丽，之所以一再换同桌，很大程度取决于妈妈的娇宠。在这种环境下成长起来的孩子，很少站在他人的角度去思考问题，对自己犯下的错误缺乏正确的认知，总是理直气壮地认为自己是对的，所以根本不会去反思自我。还有一些家长见不得孩子犯错，一旦孩子有点小错误，就按捺不住火气，对孩子非打即骂，喋喋不休。长期处于打骂的环境中，孩子犯错后产生的自责心理反而抵消了，有些孩子甚至产生了逆反情绪，不利于孩子的自我反省。

四、与家长不善引导有关

孩子某方面做得不到位或者犯错后，如果家长听之任之，不去教育引导孩子寻找自身的原因，孩子因认知能力较差，可能认识不到自身存在的问题，当然也就谈不上反思自我的行为了。还有些家长经常越俎代庖，替孩子做总结"你应该怎样做"，以成人的观点代替孩子去思考，长此以往剥夺了孩子自我反省的空间，孩子自然而然也就缺乏自我反思的意识。

那么,如何帮助孩子增强反思意识,学会反思自我呢?

 献计献策

一、正确对待孩子的错误

1. 对孩子的错误不粗暴

当孩子某些方面做得不到位或者犯错误时,家长不要一味地指责,此时家长的暴躁脾气反而会扼杀孩子的自我反省能力。家长可以冷静地指出孩子的失误或错误,让孩子真正意识到自己的错误之处,激发起孩子内在的纠正错误的想法,让孩子生发后悔和羞愧之心,促使孩子学会自我反省。

2. 批评孩子时不专制

有时候,家长的批评往往是根据自己的推断进行的,事实上,孩子去做一件事必定会有他的原因,因此,父母应当允许孩子对事情做出解释。当然,家长应该让孩子明确,允许他做出解释,并不等于他可以推卸责任。家长可以在孩子辩解的过程中更全面地了解事情的真相,了解孩子的想法,发现问题的症结所在。然后引导孩子进行自我反省,比如,"为什么你的行为不能得到别人的认可?""你给他人造成了怎样的影响?""你站在其他角度思考了吗?"……

二、引导孩子学会接受批评

每个人都喜欢听夸奖的话,这是人性的弱点。但是,只喜欢听表扬的话,而不愿接受别人的批评,不利于孩子成长。只有让孩子学会接受

让孩子成为优秀在校生

批评，进行自我反省，才能学习更多的知识，积累更丰富的生活经验。

家长首先应该告诉孩子当别人批评自己时不要生气，因为只有关系亲近到一定的程度，或者对别人负有责任的人才会开诚布公地提出批评。然后引导孩子如果遇到别人的批评，要学会认真倾听对方的想法，站在对方的角度思考对方讲的是不是有道理，如果对方批评得有理有据，应该虚心接受，并且感谢对方；如果伤害了对方要道歉。即使确信对方误解了自己或者批评得毫无道理，也要反省一下自己为什么会出现这样的结果，然后最大限度地宽容、谅解对方。

三、引导孩子学会反思自我

1. "自我提问"让孩子总结反思

成功者之所以能够成功，往往表现在能正确地对待不足和失败，能够不断地反省自己，在反省中总结教训，不断进步。让孩子学会用自我提问的方式总结经验教训，其实就是在帮助孩子养成反思的习惯。例如要指导孩子在学习方面进行常规性总结反思，可以让孩子进行如下自我提问：今天上课的准备是否充分？课堂练习都会做吗？不懂的地方是否主动请教他人？课外学习有多少时间？对今天所学的东西复习了吗？今天的学习与昨天相比进步表现在哪里，还有哪些不足？这样，通过课前反思、课中反思、课后反思和总结反思，让孩子对一天在学习方面的表现进行反思与回忆，不但有利于知识间的相互迁移，促进新旧知识间的联系，而且有利于培养孩子良好的反思习惯。

2. "诱导自省"为孩子留有反思余地

诱导自省是一种冷处理法。即发现了孩子的错误之后，不要急于纠正，也不要急于教育，而是将孩子的错误置于一边，等时机成熟再对其进行教育。这样的教育方式会促使孩子学会反省自己的错误，实现和家长的有效沟通。通常孩子会在家长的沉默、静候中反省自己，考虑清楚后，孩子会主动承认错误，或者家长再找孩子交流，帮助孩子认识到错误所在，找到正确的处理方法，此时，孩子会更容易接受父母的教育引导。

3. "自然惩罚"让孩子痛定思痛

用自然惩罚让孩子为自己做错的事情承担责任，是引导孩子自我反省的好方法。如果孩子有了过失，家长不要心疼孩子，代孩子受过，孩子犯下的错应当让他们自己去承担责任，这样孩子才会引以为戒。比如孩子粗心大意，上学时忘记带钥匙，家长明明可以回家帮忙，但故意推托走不开，让他在门外等，让他知道没有人会特意回来给他送钥匙。这样，孩子为自己的错误行为付出了代价，以后他就会提醒自己带钥匙了。自然惩罚能让孩子亲身经历错误行为带来的后果和烦恼，痛定思痛，对自己的行为进行深刻反思，从而规范自己的行为。

4. "预想后果"为孩子敲响警钟

孩子的意志力较差，容易受他人语言、行为的影响，而且情绪容易激动、做事冲动，往往不能够预见事情的后果。因此家长应该适当地启发孩子思考事情的后果，让孩子进行自我反省。比如，孩子双休日晚上，总是不收拾书包，等早上起床后再匆匆忙忙地整理。家长可引导孩子明确这件事的后果：早晨一旦起床晚了，来不及收拾后果是什么？如果漏了一两门作业后果是什么？如果收拾得不彻底，将星期一要用的重要课本落在家里后果是什么？如果孩子无法跟成人一样思考，家长不妨让孩子尝试一次，结果肯定会出乎孩子的意料，这时，孩子就会反省自己的行为了。

四、用榜样激励孩子

1. 家长以身作则,敢于认错反省

家长做错了事情要敢于承认,及时进行自我反省,尤其是在孩子面前更应该如此,这样才能积极地影响孩子。例如家长误会孩子了,不要试图在孩子面前蒙混过关,而应该开诚布公地向孩子道歉。家长敢于向孩子认错,认真地反省自己的行为,会给孩子树立良好的榜样,培养孩子自我反省的能力。

2. 以名人的故事来启发孩子善于反思

家长可以经常为孩子讲述中外名人善于反思的事例,比如勾践卧薪尝胆反思激励自我终于战胜吴国;少时顽劣的万斯同反思自我,幡然悔悟,后来闭门苦读,终于成为著名学者,并参与了《二十四史》之《明史》的编修工作;曹操的马踩踏麦苗,曹操割发代首,反思自我严明军纪;惠灵顿将军多次兵败法军,见到蜘蛛结网,屡败屡结,深刻反思,走出了悲痛与失败的阴影,后来激励士气,迅速集结被冲垮的部队,终于在滑铁卢大败拿破仑,取得了决定性的胜利……通过这些名人事例,让孩子明白,卓越源于反省,反思是认识自我、发展自我、完善自我和实现自我价值的最佳方法。

潜能发展篇

　　人的潜能犹如一座待开发的金矿，能量无穷，价值无限。我们每一个人都有一座这样的潜能金矿。但是，由于没有进行各种潜能训练，潜在的能量无法得到淋漓尽致的发挥。相信只要家长抱着积极的心态去开发孩子的潜能，孩子都有望有一番成就。

　　开发孩子的潜能，要努力为他创设一种良好的教育环境。首先要相信孩子，相信每个孩子都具有巨大的潜能，相信人人都能成才，并让他感受到这份信任，在信任中增强自信；其次要激励孩子，要让他感受到自己通过努力获得的成功；最后要善于发现孩子，引导孩子，你想让孩子向什么方向发展，就在那里寻找"闪光点"，通过表扬、激励让其发扬光大。

 让孩子成为优秀在校生

开发孩子的好奇心

情境扫描

（一）君阳的爸爸买了一个MP4，插入小音箱后就能播放出动听的音乐。小君阳感到很奇怪，就把这个MP4和音箱给拆开了，想看看里面到底是什么东西在播放音乐。看着新买的MP4"肢残体缺"，爸爸的怒气就上来了："小孩子哪来那么多古怪的想法……好端端的东西被糟蹋了，以后再这样捣乱，看我不打死你……"

（二）公园里，思怡看着空中的飞鸟问："妈妈，你看那鸟儿飞得好高啊！为什么鸟儿能在天上飞呢？"妈妈不屑一顾："这是个什么问题，它们天生就是这样的，以后不要再问这样的问题了！"

君阳和思怡的行为，都是好奇心的直接表现。好奇心是指遇到新奇事物或处在新的外界条件下所产生的注意、操作、提问的心理倾向。好

奇心是一个人学习的内在动机之一,是一个人寻求知识的动力,是创造性人才的重要特征。

作为家长,我们都希望自己的孩子对学习具有强烈的兴趣,毕竟"兴趣是最好的老师",能够引领孩子进入到主动学习状态之中。而强烈的学习兴趣,则首先来源于他们对学习内容的好奇心,因为好奇心能引发孩子的求知欲,是推动孩子主动学习、探求知识的内在驱动力。

从心理学角度看,每一名孩子其实都应具备强烈的好奇心,这在生活中也可以看出,年龄越小,好奇心越强烈。然而,我们却悲哀地发现:随着孩子的逐渐长大,他们的好奇心却日益淡薄,甚至是完全泯灭。为什么会这样呢?

 追根溯源

一、家长阻止了孩子的好奇行为

"好奇心可以被家长的无知摧毁,也可以被父母的爱心培养出来。"世界著名的发明家爱迪生,七岁上学,不到三个月,就因满脑子稀奇古怪的想法被老师劝退学。但他的母亲一直没有放弃教育孩子的责任。她不仅给爱迪生讲名人的成功故事,更鼓励他对身边的每件事都问"为什么",并积极尝试,可以说爱迪生最终能成为发明家离不开母亲对他好奇心的开发。

我们身边的很多家长,却常因担心孩子好奇心过重惹麻烦,而阻止孩子的好奇行为。情境(一)中的小君阳拆开MP4和小音箱,就是想知道它们为什么能播放出声音,这本身就是一种难能可贵的探索行为。爸爸不但没有抓住时机及时鼓励孩子的探索行为,反而"训斥"孩子,这无疑让孩子的探索行为受到了制约,造成的后果也许就是以后孩子即使

 让孩子成为优秀在校生

再有大胆新奇的想法，也不敢付诸行动了。

二、家长对孩子好奇心的忽略让孩子失去了思考的兴趣

孩子对某种事物产生好奇心，是伴随着大量思考的，虽然他们的一些想法在父母看来显得有些幼稚，但家长的敷衍或者忽略甚至取笑的态度，却往往会让孩子滋生出"有好奇心是可笑的""对什么事都感到好奇是很幼稚"的心理。当父母用这种态度对待孩子的好奇心时，就会让孩子在面对能引起他们好奇的景象时，失去思考和探索的兴趣。情境（二）中思怡妈妈的做法显然会重重扼杀孩子的好奇心。

三、家长的功利意识扼杀了孩子的好奇心

孩子的好奇心是一种宝贵的教育资源，感到好奇的事物也许并不能即时增长孩子的知识与能力，但却是一种教育契机。可惜的是，在不少家长看来，孩子需要的是正统的文化课学习，表面上与文化课学习无关的事物，就被家长视为另类，本能地制止孩子对其产生好奇。比如，一个孩子对街道上的井盖都做成圆形感到很好奇，但妈妈却以"这与你的学习有关系吗？以后不要想这些问题了！"训斥孩子。孩子通过仔细观察，对"井盖都做成圆"这一现象产生好奇，其实正是诱导他对数学中有关圆的知识产生兴趣的良好时机。但由于家长只是从功利角度出发，只注重所谓的文化课学习而扼杀了孩子的好奇心，使孩子也许再遇到这类事物时，不敢滋生好奇心，一个个联系生活的学习资源也就在无形中浪费掉了。

四、家长的知识水平影响了孩子好奇心的增强和延伸

孩子的好奇心是广泛的，是蕴含着丰富的科学知识的。如果家长对孩子提问中所涉猎的科学探究不予理会，孩子的好奇心就极有可能被家长浅薄的学识而阻断。有个孩子在爸爸接完手机后，问爸爸："为什么手机没电线，也可以和别人通话？"爸爸挠挠头："唉，我也说不清楚……"对于孩子的提问，如果爸爸稍微懂点物理学原理，能深入浅出地给孩子启发点拨，那么就会在孩子的心里早早烙印下物理学方面的知识，为孩子以后的深入学习打下良好的基础。

当然，也有不少家长这样说："我也知道应当尽量去满足孩子的好奇心。但之所以不让孩子对一些事物太好奇，是为了孩子的安全，怕他出事。"比如，有的孩子好奇自行车的大小齿轮转动咬合现象，便把手伸进去感受，手被齿轮咬住了……所以，很多家长会盲目地制止孩子的好奇心，有时甚至强硬地说："不许乱动东西，不许胡思乱想。"长此下去，孩子就会失去对新鲜事物的兴趣，而一旦孩子停止了好奇和思索，也就失去了探索的冲动。其实，好奇心与危险并不冲突，父母只要采取一定的防范措施，完全可以远离危险。比如电插头挂到高处、热水瓶放在孩子摸不到的地方……总之，在安全的前提下，家长应让孩子尽情地对事物展开联想、产生好奇，这对孩子后续的学习，会产生极大的推动力。

 让孩子成为优秀在校生

 献计献策

一、激发孩子的好奇心

对孩子来说,一旦面临新奇的、神秘的、自相矛盾的事物,就会产生感官探究、动作探究、言语探究等行为,正是通过这些探究行为,他们才能有选择地了解周围事物,并积累生活经验。在学习活动中,好奇心不仅可以成为学生学习的内在动力,而且还会成为具有重大意义的发明或发现的催化剂。但是,孩子对这些认识并不深刻,这就需要家长经常性地对其言传身教,促使其主动保持旺盛的好奇心。

家长还要从生活的各个环节入手,帮助孩子养成积极、主动探求新知的心理倾向,从而形成强烈的求知欲。进一步说,如果我们能够创设满足孩子好奇心的环境条件,把他们的好奇心引向强烈的智力活动,并且得到正向的培养与强化,还可以逐渐形成孩子对新奇事物的兴趣,促使他们逐渐将兴趣作为一种学习的需要,唤发起他们的有意注意,提高他们学习的自觉性和创造性。"好奇心"打开孩子善于思索、勇于实践的心灵闸门。

二、发展孩子的好奇心

1. 让孩子多接触新鲜事物

一般来说,人只有对过去从未见过的新鲜事物才产生好奇心,因此一个成天关在屋子里从不与外界接触的孩子,一般是不可能产生好奇心的。要培养孩子的好奇心,就要给他们提供广泛接触外界事物的机会,接触新事物越多,产生好奇心的机会就越多。

有的父母也许会说,现在的孩子接触的东西太多了,如电视、网络、图书、玩具等,他们已经没有时间学习了。但是,如果我们换个角度想一想,这些难道不是开阔孩子视野、激发他们好奇心、拉大思维空间的良好载体吗?

这里,建议家长多带孩子参观展览、外出旅游或采风,开创感性空间,让孩子在各种活动中汲取丰富的信息,激发起好奇心和思考意识,并将这些活动贯穿于他们成长的整个过程。

2. 鼓励孩子多问"为什么"

好奇心会驱使孩子刨根问底,或者会亲自感觉一下某一事物是什么样子,然后还要去问个究竟。对孩子的这些举动,一些家长常常会厌烦或限制,这是不可取的。孩子主动地问,是主动求知的表现。家长不应厌烦,而应给予热情的支持和鼓励。对孩子提出的疑问,要尽自己的努力给孩子科学耐心的解答。为了帮助孩子理解问题,在回答的时候,不能只满足于口头上的解释,需要作比较形象的解答,如果他们仍不理解或者仍不满足时,要设法让孩子试一试,以增强理解。情境(一)中提到的君阳爸爸面对"破坏" MP4的孩子时,完全可以先肯定他的这种好奇心,并按照孩子的思路,引导他自己去查阅资料,解决疑难问题。并且告诉他以后要征得爸爸的同意,让爸爸同他一起拆开研究,这样既可保护孩子的好奇心,又可避免物品的"损坏"。

现实生活中,由于孩子知识面和思维方法所限,在成人看来,也许他们所提出来的问题是非常幼稚的,而且缺乏科学依据,但是家长要给予积极的支持和鼓励。因为主动探索、提出问题,远比懒惰、对任何事情都漠不关心、视而不见、不动脑筋要好得多。对孩子来说,并不是每个人都能像牛顿一样,从苹果落地现象发现万有引力定律,但能养成一个良好的动脑筋、勤思考的习惯,也是十分可贵的。

由于孩子的大脑还未发育完全,思维不够敏捷和活跃,所以经常会

对某些新鲜事物视而不见。这就要求家长平时多问孩子"为什么",帮孩子建立起好奇意识。比如,情境(二)中思怡妈妈完全可以利用孩子对飞鸟能飞的好奇,给她进行一些必要的解释,或者让她查阅资料来解决疑惑,然后再鼓励孩子探究"风筝为什么能飞起来,它的飞行原理与鸟儿的飞行原理的异同",从而进一步发展孩子的好奇心。

3. 引导孩子解决"为什么"

随着年龄的增长,孩子的好奇心不断发展,由浅入深,由表面到实质。这时,家长就要引导孩子把"好奇"转化为"思考"。不少家长习惯于孩子问什么就答什么,如果孩子继续追问,就不愿做进一步回答了,这样很容易束缚孩子的思想,使他们只知其一,不知其二,或者知其然不知其所以然,养成不求甚解的习惯,不利于认识的进一步深化。因此,对孩子提出的问题,家长应尽可能多给几个答案,既回答肯定的、常见的必然性,又要指出一些少见的可能性,以供孩子参考,鼓励孩子在认识过程中,找出自己可信程度较高的新答案。比如,孩子问到树木的用途时,就可以做出各种各样的回答。树木可以绿化环境、防风沙、吸尘、吸收二氧化碳、调节气温,木材还可以做家具,又可以造纸,等等。这样不仅可以增长孩子的知识,还可以丰富其想象力,孩子也会越问越受益,越问越想问,逐渐养成探索问题的习惯。

当然,家长还应自觉加强知识储备,以便能用生动易懂、循循善诱的方式,把孩子引入深层次的思考空间。比如孩子问:"风筝不是飞机,没有能源,为什么能飞上天?"当我们告诉孩子"是风带动着气流把风筝托起来"的时候,可以反问孩子:"没有风时,为什么风筝也能飞上天?"孩子想不明白时,我们可以带领他放一次风筝,在实际操作中掌握放风筝的正确方法,从中孩子可以很容易地发现,没风的时候,人们多是拽着风筝线跑。这时,我们再用扇子扇风的现象启发孩子,孩子就可以意识到"跑的时候会造成气流流动,跟有风的效果是一样的"。

这样，不仅帮助孩子解决了好奇的问题，而且还给了孩子发散思维的启迪。

另外，家长忙乱时，千万别用"别烦我，走开"或"我不懂，别问了"这种话来搪塞孩子。对孩子来说，父母是否给孩子正确答案并不重要，但是否认可他好奇心的态度，却会影响他的求知欲。比如像"这个问题提得真妙，让我想想，明天再告诉你。"或是"你先说说自己的看法好吗？"，这样的回答就很人性化。一种带有鼓励性质的回答，会让孩子衍生出更强烈的好奇意识，扩大思维发散空间。

4. 多给孩子动手创造的机会

孩子有了好奇心，一般都会衍生出动手实践的冲动。对此，家长一定不能盲目地制止孩子的动手机会，而应鼓励其动手探究，并给以必要的协助。爱迪生小时候对一切都充满了好奇心，对事物喜欢刨根问底。比如，他曾学母鸡的样子趴在草丛里孵蛋，因为他好奇"母鸡为什么用体温能孵出小鸡，而人却不行"；他看见小鸟在天空中飞翔，联想到家中做面包的发酵粉能产生气泡，让面包变轻变软，人要是吃了发酵粉，是否也能使身体变轻飞上天呢？正因为他对大自然的种种现象都充满好奇，并勇于探究，勤于实践，所以他发明了电影放映机、留声机、电灯、有声电影等，成了闻名于世的大发明家。

让孩子成为优秀在校生

培养孩子的观察力

（一）冰雯伶俐活泼，但作业总是出错。就拿抄写生字来说，不是把"末"写成"未"，就是漏一点或添一笔，让她检查，她总是检查不出来毛病。妈妈为此很苦恼，怎么睁着眼睛，就是看不出错误来呢？还有写作文时，即使是自己做过的事，也写得干巴巴的，让人觉得索然无味，不知所云。

（二）博涛活泼好动，每次上物理或化学实验课，他都非常兴奋，没等老师演示完，他就开始动手做起来。可每次实验都没有做好，不是操作顺序不对，就是安错了仪器，或是忽视了对数据和实验现象的观察，实验效果也就可想而知了。

冰雯和博涛的现象在当前的学生中并不少见，这主要是缺乏观察力的表现。

观察力是构成智力的主要成分之一，是人的智力结构中最基本的一种能力。良好的观察力对孩子的成长与求知非常重要，它能使人变得聪明、视野开阔。现在的许多孩子长期生活在单调枯燥、缺乏刺激的环境中，观察机会少，没有观察习惯，缺少观察目的，不懂观察方法，不能认定目标并自觉、持久地进行有效的观察。由于观察的有效性、目的性、条理性差，导致观察效果不好，进一步影响思维的发展，引发了学习上一系列问题的出现。

观察，是孩子学习的基础方式，各个学科的学习都需要观察的参与。孩子观察力弱或者差，虽然看了、听了，然而观察到的东西却很少，甚至有错误，他的知识往往是浮光掠影式的。那么，孩子观察力弱或差的原因在哪里呢？

 追根溯源

一、观察缺乏目标性

一方面，孩子在观察的时候，缺乏一种"我要观察什么""我为什么观察"的意识，因而在观察的时候就没有一种目标做引导，导致其观察往往就是走马观花，泛泛而看，而不能在头脑中留下深刻印记。比如，家长和孩子一起去公园，家长若没有要求孩子观察具体的东西，回来后问孩子，孩子往往回答得不尽如人意；如果家长明确地要求孩子观察公园里的湖泊，孩子一般就会比较全面地描述湖泊，包括湖面的情况、周围的环境，这是因为孩子在观察时有了明确的目标。上述情境（一）中的冰雯之所以写作文时感到大脑空空，其中一个原因就是没有养成随时有意识观察的习惯而缺乏写作素材的积累。

另一方面,受中小学生心理发育不够成熟的影响,不少孩子观察时往往容易受到外来刺激的干扰,当出现了新异的刺激时,由于缺乏观察目标的约束,他们的注意力就离开了观察的对象,导致观察成效不高。

二、观察缺乏细致性

孩子在观察事物时,往往只注意事物的主要特征或主要过程,对细小部分则缺乏观察,即观察不够精确。情境(一)中冰雯把"末"和"未"搞混,就在于只注意到了这两个字的大致形状,而没有准确发现这两个字的细微差异;而情境(二)中的博涛则只满足于对老师实验演示过程的大致观察,忽视了细节,当然也就不可能规范地做好实验了。

三、观察缺乏条理性

孩子在观察时,首先注意到的是那些最能吸引人的方面,也就是最能刺激感官的东西,如运动的、较大的、对比明显的部分,而对其他方面的东西则往往忽略了。这样,观察到的事物常常就是片面的、零散的、无序的,也很难在头脑中形成一个全面的、完整的印象。不少学生的作文杂乱无章,东一榔头西一棒子的,观察缺乏条理性就是其中一个很重要的原因。

四、观察缺乏深刻性

对孩子来说,观察事物时主要还是以感性经验为主,只是在用眼睛看、用耳朵听、用鼻子闻等等,唯独缺乏用大脑去理顺,这样观察到的只是事物的表面现象和表面特征,很难抓住事物的本质。也就是说,孩子的观察只知道了"是什么",但没有"为什么"的思考,从而使观察变得肤浅,难以上升到理性高度。苹果落到地上司空见惯,但牛顿却能够追问"为什么是落下来而不是向上飞",并最终成为一名著名物理学家,这就是观察深刻与否的区分。

观察是一个人认识事物的重要途径,是智力活动的基础,是完成学习任务的必备能力。那么,作为家长应当如何去做,才能更好地培育和发展孩子的观察力,使孩子能够拥有一双"智慧"的眼睛呢?

 献计献策

一、培育观察的兴趣

孩子对自己不感兴趣或是看不懂的东西,一般都缺乏观察的兴趣,即使是要求他去观察,效果也往往不够好。因而,家长在要求孩子观察某项事物前,可以让孩子接触有关方面的知识,使孩子在观察时能够得到相关的帮助,同时这也是激发观察兴趣,进而转化为观察动力的基础。家长可以引导孩子观察他最熟悉的、最喜爱的、特征比较明显的、容易辨认的事物,激发孩子积极观察的强烈愿望。

在与孩子交流时,家长应注意引导孩子多用一些描述性的话语去描述孩子所看到、听到、闻到、触摸到的事物,不要简单地说"这是花",而应说"这是一只红里透白的大月季花",并引导孩子闻一闻花香、数一数花瓣,观察一下花蕊等等,然后让孩子描述。这样,孩子就可以从家长描述的话语中,用自己的感官去感受事物的体貌特征,加深对事物的印象,也能够从中滋生出对观察的浓厚兴趣。

二、教给孩子观察的技巧

家长应当明确告诉孩子,细致是观察的基本要求,准确是观察的根本,全面是观察的基本原则,发现特点是观察的目的。

1. 明确观察目的

明确了观察的目的,才能让孩子集中注意力去捕捉有价值的目标,才能避免盲目的、漫无边际的"走马观花"式观察,提高积极观察的主动性和观察效果。一般说来,观察目的越明确,孩子的注意力就越集中,观察也就越细致、越深入,观察的效果也就越好。孩子在观察中,有无明确的观察目的,得到的观察结果是不相同的。因此,家长指导孩子明确观察目的时,不仅要教育孩子树立观察的意识,认清观察对于发展自身智力的好处,而且要教育孩子在观察任何事物时,都要有明确的目的,也就是观察什么、为什么观察,给孩子提出明确而具体的要求。比如,家长带孩子去公园时,如果没有提出观察要求,孩子漫无目的地东张西望,转了半天回到家里,也不会说清看到的事物。如果要求孩子去观察动物园里的孔雀,那么孩子则可能会仔细地说出孔雀的形状、羽毛的颜色、眼睛的大小、声音的高低等。这是因为有了任务的要求,孩子是有的放矢地去观察,从而获得了更多的观察收获。

对于一些幼小的孩子,在孩子观察的同时,家长也要参与进来,与孩子一起观察,并指点讲解,让孩子随着讲解有目的地观察,如现在看到的是什么地方、有哪些事物或人物、他们都在做什么、当时是什么时间、天气怎样、人物的神态怎样、为什么要做这些事等。通过这样的指导,孩子就能够得到观察目的性的训练,更快地掌握观察的要素。

对于年龄大一点的孩子,可以让他有意识地观察一些事物,并要求他自主确定观察的目标,如观察做饭的全过程,观察公园的山水、花草，观察周边的环境等。为提高观察效果，家长还可以要求孩子边观察边用语言描述，并对孩子的描述进行评价，看孩子观察得是否仔细、描述得是否逼真。这样让孩子有目的地去观察事物，就一定会在潜移默化中提高孩子的观察力。

2. 教给孩子正确的观察方法

（1）综合观察法。就是让孩子掌握先局部后整体或先整体后局部的观察方法，以使孩子能对观察对象产生全面的认识。

（2）动静观察法。动态观察就是按先后顺序或方向位置观察物体的变化；静态观察就是对物体的颜色、形状等进行观察。这种观察方法尤其适合数学、物理、化学等学科的学习。

（3）对比观察法。就是在观察的时候让孩子对观察的对象进行对比、鉴别，让孩子从相同中发现不同，让孩子养成注重细节的观察习惯。情境（一）中冰雯对"未""末"不分，就可以采用这种方法加以矫正。

（4）反复观察法。对一些较为复杂的观察对象，比如某一活动过程，或是一件较大的物品，可让孩子进行重复观察，让孩子能从多次观察中了解观察对象的动态变化，或是对其各个部分联系起来形成一个全面的印象。这种方法可以帮助孩子形成对事物的整体认识，并掌握复杂的难度大的各个环节。

（5）顺序观察法。人认识事物都是有一个顺序的，按顺序观察，可以让孩子认识事物发展的全部，建立起完整的概念，有助于孩子有条理地思考，达到思路清晰、言之有序的效果，也能增强孩子的逻辑思维能力。这种观察方法，对提高孩子的作文水平就很实用。现在不少孩子的作文条理不清、言之无序，主要就是由于学生不能按一定的顺序观察周围的事物而造成的。如果观察有顺序，则可以为有条理写作打下良好的基础。如观察静态事物，可按"整体——部分——整体"的顺序；观

察动态事件，可按"起因——发展——高潮——结果"的顺序；描写植物，可按植物生长过程的顺序；描写动物，可按"外形——生活习性"的顺序；写参观、游览等，可按空间位置转换的顺序。基本的观察顺序还有由表及里、由主到次、由上到下、由远及近、从局部到整体……学生观察有顺序了，写作时才能做到有顺序。

3. 帮助孩子提高观察质量

（1）让孩子见多识广。孤陋寡闻、缺少实践，观察力必然受到影响。看到同样一种现象，有的孩子能说出许多，有的孩子却说不上几句，这种现象与孩子对知识掌握的扎实程度有关。知识学得扎实，道理融会贯通，观察问题就比较深刻。可以说，观察力基于知识与经验，而知识与经验的丰富与提高又会反过来促进孩子观察力的发展。所以，家长平时应多将孩子带到大自然中，带到社会上，让他们能够接触到更多的景色、人物，遇到更多的事物，带给他们更多的观察机会；同时，还要引导孩子博览群书，用书籍中的间接经验丰富孩子的观察内容，提高观察的品质。

（2）鼓励孩子多提问。家长不要总认为孩子什么都不懂，孩子的心灵深处绝对不是一片空白，不同年龄的孩子常常会向父母提出一串串精彩的问题，如"天冷了水为什么会结冰""自己是从哪里来的"等等，这些都是孩子在观察之后衍生出来的好奇，是一种难得的鼓励孩子观察与思考的契机。如果家长认为这些问题不值得回答，甚至表现出不耐烦，就会挫伤甚至磨灭孩子对周围事物的敏感与思考；当孩子提问时，正是孩子求知的好机会。当然，鼓励孩子提问，为的是培养他们对周围事物的观察与思考，并不是必须立即把每个问题的现成答案告诉孩子。

此外，要让孩子描述出自己的观察所得。这样，不仅可以促使孩子更为认真、细致地去观察，还可锻炼孩子的表达能力，同时家长还可以从孩子的描述中发现孩子在观察事物中存在的不足，为孩子的后续观察提出有建设性的意见，促进孩子观察质量的提高。

（3）讲这样一个故事：有位医学教授，为了向学生证实糖尿病患者的尿液中含有糖分，就先做了示范，把一只手指伸进一杯事先准备好的尿液样本中，然后把指头放在自己的舌头上尝了一下。之后，他要求学生也照样试验一遍。学生们都皱起眉头，虽然很不愿意，但还是一个个照着教授的指示把手指伸进尿液，然后急急忙忙地用舌头舔了舔。当所有学生都做完后，怎知教授摇摇头，露出哭笑不得的表情，十分遗憾地说：对于你们为了科学，甘愿亲身体验的精神，我深表赞赏。但是若以你们这种粗心大意的观察力去从事科学工作，将来想要有非凡作为，取得出色成就，我只能说"不可能！"原来，教授在实验时，使了小小的花招：他伸进尿液时用的是食指，而放在舌头上的却是中指，只是动作做得较快，骗过大家的眼睛而已。

请不要只是把它当作一则笑话。观察力之于人生，就是如此的重要。要想让孩子拥有一个智慧的头脑，就应尽可能多地给孩子创造观察的机会，引导孩子敢于观察，善于观察，为孩子的智力发展开启一扇明亮的"窗户"，让孩子幸运地拥有打开成功之门的"金钥匙"。

 让孩子成为优秀在校生

丰富孩子的想象力

（一）玉洁是一个品学兼优的孩子，可就是作文令人头痛。描述景色无非是天上白云飘，树林绿茵茵；叙事也是平铺直叙，语言干巴巴的，很少有什么出彩的比喻、拟人等修辞方法的运用；要续写一件事，她也是无话可说……

（二）小雅很喜欢画画，经常拿着画笔画来画去。可妈妈总是批评她，太阳不能画成绿色的、方方的，花草要比树木小……一开始，小雅还和妈妈争辩，说自己画的是未来的世界，但妈妈就是一句话："那样画是不对的！"渐渐地，小雅也不愿意再画画了……

显然，玉洁作文的主要问题就在于想象力的匮乏，而小雅的想象力非常丰富，却被妈妈给扼杀了。

想象力,就是一个人在已有形象的基础上,在头脑中创造出新形象的能力。比如说起汽车,马上就能在头脑中产生出各种各样的汽车形象。因此,想象一般是在掌握一定知识的基础上完成的。

想象具有预见功能。人从事任何活动之前,都必须首先在头脑中确立定向目标,也就是能够想象出活动过程及其结果。于是,人的活动就有了主动性、预见性和计划性,这有助于活动的顺利完成。孩子的学习也是一样,一个想象力贫乏的学生,考虑问题的思路必然狭窄,也不可能有很高的分析问题和解决问题的能力,其智力发展也是不充分的。

想象具有补充功能。在现实生活中,有许多事物是人们不可能直接感知到的。如由于时间、空间的限制,像历史中讲到的古代人生活的情景,地理中讲到的地壳变动和历史变迁,物理、化学、生物课中各种宏观世界与微观世界的结构与运动状况等,我们要直接感知是很困难的,有的甚至是不可能的。在这种情况下,就可以借助想象,弥补时空局限和不足,扩大视野,对所学知识产生更充分、更全面、更深刻的认识。

想象具有替代功能。在现实生活中,当人们的某种需要不能实际得到满足时,可以利用想象从心理上得到一定的补偿和满足。如孩子想当一名飞行员,但由于他的能力所限而不能实现,于是就在游戏中,手拿一架玩具飞机在空中舞起来,满足了当飞行员的愿望。

想象力反映的是一个人的思想疆域,是创新意识的基础。但孩子越大越缺乏想象力,却是不争的事实,原因到底在哪里呢?

 **追根溯源**

在"雪化了,变成了_____"的填空题中,孩子的答案是相当富有想象力的"春天",却因与标准答案"水"不相符而被粗暴地判为"错误"。这,也许可以反映出孩子越来越缺失想象力的原因。

一、应试教育扼杀了孩子的想象力

虽然目前的素质教育轰轰烈烈,但基于考试制度、学校评价制度的影响,衡量某个学生是否有为的标准,最终注重的还是一纸冰冷冷的试卷。在应试教育体制下,一切都有标准答案,学生不敢越雷池半步。因为离开了得分点就离开了高分,这样自然就不太允许孩子自由地发展想象力。情境(一)中玉洁的作文之所以干巴巴的,除了语言词汇不够丰富外,也与其想象力缺失有着很大的关系。

二、家长无视对孩子进行精神教育

著名教育家、武汉大学原校长刘道玉先生对世界上两个最重视家庭教育的国家——中国和以色列进行了比较。以色列家庭教育奉行"狮子育儿法":母狮让小狮子离开独自学会生存。中国的家庭教育则走向两个极端:要么娇宠,要么打骂。结果,以色列的诺贝尔奖获得者有近十位,而中国却只有一人。刘道玉先生认为,中国家庭实际上倾向于对孩子"肉体教育",而不太注重对孩子的"精神教育"。"抱在手里怕摔了,含在嘴里怕化了",这是溺爱式教育;"为什么别人能考90分,你则不能",这是打骂式教育。显然,这两种教育方式都不利于孩子独立自主意识的培养,并进而扼杀孩子的想象力和创造力。

三、家庭教育的"功利"性蚕食了孩子想象力的发展

多数家长都希望自己的孩子是一个听话的好孩子:听家长的话,听老师的话,对父母和老师的训导、教诲和要求,只许说是,不准说不;

只能顺从、遵从和信从，不能拒绝、怀疑和反对。试想，在这种环境下成长起来的孩子，谁还敢大胆想象？从某种意义上说，正是"听话的孩子"，蚕食了孩子的想象力，摧毁了孩子探索未来的兴趣与勇气。我们不妨看一下孩子的成长过程：当孩子开始想问题、试图用自己的方式认知和探索这个世界的时候，他们总是有问不完的问题，但他们得到的回应却是"想那么多干啥""这不是你现在需要想的问题""不务正业，都什么乱七八糟的东西""这个问题还用想吗""书上让你怎么答，你就得怎么答""你这样想是错误的"……即使是一些开明的家长，也很少愿意陪着孩子去寻求答案，并引导和鼓励他们自己去探索，去提出更多的问题。实际上，当孩子的提问得不到支持、鼓励和参与的时候，提问的能力就逐渐萎缩、提问的热情也逐渐消失，剩下的是家长、学校、社会的要求和准则，到最后他们的想法便被一些规范"框"了起来，只能在既定的答案中寻求答案，想象力枯竭是必然的。情境（二）中小雅的绘画本来充满了想象力，但却被妈妈的一次次"教育"给摧毁了。

可见，我们的孩子本来并不缺乏想象力，但却在成长的过程中未能得到"善待"而逐渐枯萎了。那么，作为家长，我们该怎样去丰富和发展孩子的想象力呢？

献计献策

对于想象力的缺失，很多人只把责任推到教育制度上。实际上，孩子想象力的培养和锻炼是从小就要开始的，并且家长的作用要远远大于学校和老师的作用。这里，给家长几条建议。

一、引领激活孩子的想象兴致

一个家长是这样培养孩子的想象能力的。他带孩子出去玩,天上飞过一只鸟,他就跟孩子说:"你看,天上飞过一只鸟,你能想到什么?"孩子说:"就是一只鸟呗。"然后家长就提示他说:"你看见天上飞过一只鸟,你可以想,这只鸟是从哪里飞来的?它要飞到哪里去?它的家在哪里?它的家人还有谁?它今天做了些什么?"让孩子编一个故事,写入日记。每一个孩子都是诗人,他们都有着无穷的想象力,所以,对于家长来说,所谓"培养",并不是给孩子"空荡荡的大脑"里装进能力,而是一种激活、一种唤醒、一种维护、一种发展。

二、充分拓展孩子的想象空间

譬如,给孩子讲故事时,可以时常停住,鼓励孩子去大胆想象以后的故事情节。下一次开讲前,先问孩子是怎么想的,然后再讲。当孩子猜中了部分故事情节时,或者孩子的想象比原故事情节更精彩时,家长要大加赞扬,给予奖励。据说,德国著名思想家、作家歌德的母亲就是这样培养歌德的想象力的。

三、丰富积累孩子的想象元素

表象是记忆中保持下来感知过的事物形象,是想象的必要材料,直接影响到孩子想象的深度和广度。首先,要让孩子广泛地接触、观察、体验生活,并有意地在生活中捕捉形象,如文化课学习中正确理解图形与符号所表示的意义,掌握其代表的各种形象;在实验课学习中注重正确观察，使用实物、模型等各种直观教具，积累新的表象。无论是音乐、舞蹈、美术、体育，还是书法、天文、航模、电脑，每一种活动，都有大量形象化的事物进入脑海，并需要进行创造性想象才能完成活动任务，这对于提高孩子的想象力是十分有益的。其次，要让孩子多阅读文学书籍，文学艺术作品可以提供丰富的形象，尤其是典型形象，有利于孩子获得大量的想象元素，使其在想象时有东西可想。最后，要鼓励孩子在实践过程中储备。如选一些孩子会唱的歌，让孩子根据歌词的意思自编表演动作，或听歌曲画画。在这个过程中，孩子头脑中就会进行有关方面的想象活动。有时，我们可以先让孩子听一首曲子，然后再问孩子听到曲子后脑海中出现了什么样的画面，然后让孩子把这个画面画出来或描写出来。

四、引导发掘孩子的想象发散

平时，可让孩子列出物品常规用途以外的用途。例如，孩子正拿着毛巾洗脸，家长问："毛巾可以用来洗脸，还可以用来做什么？"孩子答："用来洗澡、擦脚。""还有呢？""当抹布擦桌子，当围巾围脖子，当枕巾盖枕头，当纱布包扎伤口，给小孩当被子……"孩子的生活经验越丰富，他的想象范围就越广阔，从而锻炼孩子思维的新颖性、灵活性和创造性。同时，家长也可提出一些反常规的问题，让孩子想象后回答。例如，妈妈说："如果天上下的不是雪而是白糖，那该怎么办？如果这世界上没有白天只有黑夜，或者是没有黑夜只有白天，那该怎么办？如果这世界上的动物都变成人了，那该怎么办？如果你长着一个长长的尾巴，那该怎么办？"家长只有把这些"怎么办"交给孩子去思考，孩子的想象力才会像天马行空一样去任意驰骋。

五、提升训练孩子的想象品质

首先,家长要有意识地引导孩子提升想象力。家长可以和孩子一起编故事,家长说一两句,孩子接一两句,家长再接着说,孩子也继续接下去,如此循环。或者根据故事的开头编结尾。当然,也可以改为书面语言的方式用同样的方法进行。在孩子小的时候,不管故事编得如何,编到哪儿,都不重要,重要的是能接上,逻辑上能说得过去就行。当孩子大一些的时候,就要增加故事的长度和难度。其次,家长可以有意识地对孩子进行一些想象力的训练。家长可以给出一些简单的符号:一条线,一个半圆,一个圆圈,让孩子根据这些来组合故事,鼓励孩子尽可能多地组合一些更复杂的、想象完全不同的故事出来。

爱因斯坦说过:"想象力远比知识更重要,因为知识是有限的,而想象力概括着世界上的一切,并推动着进步。想象才是知识进化的源泉。"

成就孩子的思维力

情境扫描

（一）理惠是初一的女孩，妈妈对她很关注，除了学习以外，包办了她的一切，并且每天都非常"尽职"地陪伴着孩子学习。可妈妈感到很苦恼，孩子总是一出现问题就问，即使是只要想一会儿就可以得出答案的简单的题目也总是问妈妈，就是不肯自己多想想。无奈之下，妈妈也就只好先做出来，然后再让她抄上去。

（二）文涛自上学就不爱学习，马上要读三年级了，妈妈感到很担心。语文，生字总是记不牢，学了后面忘了前面，今天听写还记得，明天就完全不会写，怎么提醒也记不起来。最糟糕的是阅读，常常读完了一篇文章，根本不知道文章里讲的是什么，回答阅读后面的问题时，根本就弄不懂题意！数学，计算题方法都会，可就是不肯好好做！应用题呢，经常读不懂题意，略微拐个弯的题目，就不会做了。

让孩子成为优秀在校生

显然，理惠和文涛是一个不愿动脑，一个不会动脑。相信，不少家长也遇到过这种孩子不愿、不会动脑的情况。实际上，这是孩子在思维力方面存在着问题。

思维，就是通常说的"思考""想""动脑筋"等，是一个人智力水平最为重要的标志，也是孩子在成长中必须逐渐养成的重要素质，它将伴随着孩子的一生。现实中，一些孩子在思维上出现了不少的问题：遇到问题总是依赖他人，不会自己独立思考；同样的事情，别人能看出问题，而自己就是看不出来；对一些事情的分析、理解，总是不对路，或者是人云亦云，没有自己的看法，等等。

那么，造成孩子思维力不佳的原因究竟在哪里呢？

 追根溯源

一、畸形的"智力开发"阻碍了孩子思维力的全面发展

锦倩是独生女，妈妈对她寄予了很高的期望，在锦倩的智力开发上，妈妈也是下足了功夫——给孩子讲故事、读儿歌，教孩子背古诗……家长的逻辑很简单，就是不能让孩子输在起跑线上，要通过这种智力开发，使孩子能有一个好的开端。锦倩的妈妈就是这样，认为穿衣、吃饭、和其他小朋友做游戏等等都是"水到渠成"的事，孩子长大后自然就会做了。于是她把这些都替孩子包办了，并抓紧时间开发孩子的"智力"潜能。实际上，智力包含的因素很多，穿衣、吃饭、游戏里也包含着大量需要智力参与的东西，也是培养孩子思维力不可或缺的载体。家长把这些都包办了，很容易让孩子养成孤僻的性格，交往能力、表达能力、自理能力等方面得不到锻炼。长此以往，看似小事的"不

CHAPTER 3 潜能发展篇

会自己吃饭""不参与小朋友的各种活动"等，都会使孩子产生心理负担，觉得自己处处比别人差，不能融入同龄人中，渐渐失去自信心，对什么都提不起兴趣来，自然也就不会去积极地发展思维。情境（一）中理惠的"一出现问题就问"，就是家长在许多方面总是越俎代庖带来的依赖思想的反映。

在孩子的智力培养方面，不少家长关注的多是孩子学没学会，而没有注重孩子掌握没掌握方法，有没有解决问题的能力。于是，有些家长不顾孩子心理发展的特点，硬性地给孩子规定学习任务，剥夺了他们游戏玩耍、接触社会、参加实践活动的时间，这对孩子的身心健康很不利。实际上，这种畸形的智力开发，过分地强调了知识灌输，忽视了孩子思维的发展，慢慢地孩子的大脑也远离了思考，其思维力自然也就得不到发展了。情境（二）中的文涛不爱学习，很可能就是长期以来父母只关注其学习让他失去了对学习的兴趣。

二、简单的"授之以鱼"剥夺了孩子思维力的发展机会

一家国际幼儿园发生过这样一件事：亲子活动时，孩子们在一起玩用漏斗向瓶子中装沙土的游戏。一个外国孩子用小铲子把沙子往漏斗里装，漏斗会漏，沙子总也装不满，他就用指头堵住漏斗口，等沙子装满就把漏斗挪到瓶子口边，再放开手，让沙子流进瓶子。由于沙子漏下的速度很快，从孩子拿开手指到漏斗对准瓶口，沙子剩不了多少。可这孩子丝毫不泄气，仍一点一点儿地装着。终于，他在一次次的反复中"开窍"了：他把漏斗口对准了瓶子再倒沙子，很快瓶子装满了。而一位中国孩子的妈妈却是另一种做法：当孩子拿起漏斗，沙子从底部漏掉时，妈妈立刻蹲下来说："来，妈妈教你，把漏斗对准瓶口，再把沙子从这里灌下去。"

"纸上得来终觉浅,绝知此事要躬行"。外国孩子的方法是自己经历失败之后自我"发现"的,经历了思维的历练;而中国孩子的方法只是从妈妈那里简单地就得到了"结果",并没有经历思维的过程,其思维力又怎么能够得到发展呢?

三、定式的"规范框框"限制了孩子思维力的发展空间

在我们的家庭教育中,不少家长不仅没有为孩子学会思考创造更多、更好的条件,甚至连日常生活中一丁点思考的机会也剥夺了。比如,许多父母希望孩子"听话",喜欢为孩子"决定",以使孩子不走所谓的"弯路",从不鼓励孩子独自做决定。要知道,孩子自主对一些事情做出决定的过程中,就必须要通过权衡、分析各方面情况,虽然他所做的决定不是那么完善,有时甚至是错误的,但这终究是对思维的一种锻炼。同时,不少家长为了让孩子考试成绩"保险",也人为地为孩子灌输了许多"标准答案"。比如回答"月亮像什么"时,就告诉孩子"月亮像小船"或是"月亮像玉盘";回答对"龟兔赛跑"的感想时,就要求孩子记住"骄傲使人落后"的结论。久而久之,孩子的思维便僵化了,由此也带来了创新力的丧失。

知识不完全是智慧,解决问题的方法才是智慧,思维力则是智慧的支撑。让孩子具有睿智的思维力,才应是家长对孩子发展智力最关注的。那么,家长应当如何去发掘并发展孩子的思维力,让孩子能够学会学习呢?

献计献策

在日常生活中发展孩子的思维

1. 让孩子独立思考

孩子年龄小时遇到疑难问题,总希望父母给他答案。有的家长便直接把答案告诉孩子,虽然也解决了问题,但从长远看对发展孩子智力没有丝毫益处,因为孩子不需要去思维了。面对孩子的问题,高明的父母应当是启发孩子如何去分析,怎样运用自己已有的知识和经验去解决问题。当孩子经过自己独立思考解决问题时,就会充满成就感,这不仅能提高思维能力,并且也会逐渐形成思考的习惯。即使孩子经过思考也没有解决什么问题,他也是有收获的,因为他经历了思考,知道了哪些方法是行不通的,这时父母给以适当的点拨,也会让他在思维宽度上得到拓展,从而提高了思维的品质。

2. 为孩子思考导航

疑而有思。经常面对问题,大脑就能得到锻炼。因此,家长一定不能忽视孩子提出的各种问题,因为这些问题提出的本身,就是孩子思维活动的表现。此时,家长需要把孩子的思考向更高层次上引领,同孩子一起探讨这些问题。对简单的问题,家长绝不能直接将答案告诉孩子,而是要根据孩子的想法进行引导,让孩子经历独立思考的过程;遇到家长也解释不了的问题,可以引导孩子查阅资料、请教他人来解决,让孩子在解决问题的过程中锻炼思维能力。如果孩子提不出什么问题,那么家长就要当好"引子",主动提出一些让孩子经过思考能够解决的问题,这也是促进孩子思维力发展的一个有效方式。

让孩子成为优秀在校生

3. 让孩子展示想法

孩子在学校、社会上都接触了大量的事物,并有着自己的看法,甚至产生一些相对新颖甚至是偏激的想法。对此,不少家长觉得孩子的一些想法很"危险",于是便想方设法地给予压制。其实,孩子出现一些偏激的看法或想法,必定有着他自身的思考,简单的压制只能让孩子或是不再积极地去思考,或是更加偏激甚至是叛逆起来。此时,家长不妨让孩子充分展示出自己看法或想法的依据和论证过程,使孩子能更为严密地梳理自己的思维,这自然又是培养孩子思维力的不可多得的机会。如果孩子的看法或想法就是正确的,那么最高兴的应当就是父母,因为孩子的思维是缜密的、睿智的;如果孩子的看法或想法是偏激的、错误的,那么不仅可以让孩子在论证中发现自己的思维问题,还可以通过与父母的研讨、争辩而心悦诚服地接受父母的观点,这不也正是父母所期望的吗?并且,研讨过程本身也让孩子接受了高质量的思维训练,对促进孩子思维发展也是大有裨益的。

4. 帮孩子训练思维

有人认为,孩子的思维能力大多是与先天因素有关的,其实也不尽然,因为思维力也可以通过训练而改善。家长可以找来一些具有开放性答案的题目,如"回形针有什么用途?"这就需要我们打破一些规范框框的束缚,从多个角度去考虑,从而给出不同的答案。如可以用来"别住纸张",可以夹在书中做书签用,可以代替发卡别住头发,可以将它拉开剔除桌子接缝处的脏东西,可以代替窗帘拉环……。如果家长能经常同孩子进行这方面的训练,无疑可以让孩子的思维发散起来,锻炼孩子从不同角度思考问题的能力,这与数学学科中的一题多解有着异曲同工之妙。

"学而不思则罔"。为让孩子高质量地学习,成为一名有睿智思维力的人才,请多多关注孩子思维力的培养吧!

CHAPTER 3 潜能发展篇

锻炼孩子的实践力

 情境扫描

（一）王杰上初三不久，就对化学产生了兴趣。一次，老师布置了一个家庭实验，回到家里后，他就忙开了。妈妈看到后，却制止了他：做那些玩意儿干什么？将来升学考试也不会让你去做实验……

（二）珂珂是家里的独生女，妈妈对她很疼爱，不仅生活中对她呵护备至，而且学习上的事情也经常为之代劳。一天，珂珂在学校里学习了"轴对称"和"中心对称"，老师要求回家后，都要通过剪纸的方式来真正地理解这两个概念。回家后，珂珂就兴冲冲地拿出纸和剪刀，要剪"轴对称"的"蝴蝶"图案和中心对称的"圆"图案。妈妈看见了，赶忙夺过剪刀：这多危险啊，如果剪破了手，那可怎么办？以后可不要摆弄这些东西了，妈妈可以剪给你看嘛！自然，珂珂的这次实践活动也夭折了。

王杰妈妈和珂珂妈妈也许都没有意识到,自己的言行实际上是剥夺了孩子的实践的机会。实践出真知。实践能力是当今社会对人的一项基本要求。孩子在动手实践的过程中,不仅会深化对知识的理解,更可以培养解决问题的能力。

教育不是简单的传授书本知识,它更需要孩子的实践,因为实践是检验真理的唯一标准。孩子亲身体验后的知识对他的影响更为强烈,只有亲身体验了,才会得出自己的体会,从而将书本知识转化为自己的经验。

不可否认的是,一些孩子的实践能力的确令人担心,如有的孩子不会自己照顾自己;有的孩子说起来头头是道,但做的却是一塌糊涂;有的孩子总是发怵自己做事情,等等。为什么我们的孩子实践能力存在那么大的欠缺呢?

 追根溯源

一、"短视教育"限制了孩子锻炼实践力

王杰妈妈对孩子做化学实验进行制止,实际上是"重知识,轻能力"思想的典型表现。她认为孩子的学习就是保证能考出一个好成绩,其出发点并不是孩子真正"学"到了什么,只是关注考试成绩,把学习的目的单纯地看做是为了"考试"。家长让孩子接受教育,为的就是让孩子具备在社会上生存和发展的能力,如果仅仅是为了考试,那么孩子读完了书又如何在社会上生存和发展呢?况且,不通过孩子实践只是死记硬背得来的知识,孩子对知识的理解未必会深刻,在考试之中也不一定能取得理想的成绩。

二、"过度关爱"制约了孩子锻炼实践力

不少孩子在幼儿园里自己吃饭、穿衣,可是回到家里后,就全部由家长代劳,不这样做,孩子就闹个不停。这种司空见惯的现象,说明孩子其实是能够自主进行实践活动的,关键就在于家长给了孩子过度的关爱,甚至是溺爱,让孩子的实践能力弱化了。不少家长喜欢"包办"孩子的一切。试图替孩子洗手、穿衣;抱着孩子或用小车推着他们到处走动;每天整理孩子的房间而不让孩子插手;对孩子说的话多是"别跑""别乱动""我来拿吧,你会打坏这只杯子的""你去做作业吧,我来整理被子"……其实,这些事情孩子通过实践是完全可以自理的,但当父母替他们"包办"的时候,他们就得不到锻炼了。情境(二)中的珂珂,她的剪纸行为并不见得有什么"危险",但妈妈因过度关爱而带来的担心,却可能让孩子在面对实践活动时变得缩手缩脚,不敢再进行什么实践活动了。其实,即使剪纸真的有"危险",也应让孩子进行实践,至少她可以从中学到怎样避免危险,妈妈在旁边多做一些保护工作,把"危险性"控制在"安全"范围内也就可以了,千万不要剥夺孩子实践的机会。在美国,半岁大的孩子就被放到了一种特制的椅子上,自己吃东西,他们把食物弄得到处都是,衣服上、脸上、地上,但很少有父母会说"哎呀,你连饭也不会吃,让爸妈来喂你好了"。在商场里,经常看见有小孩在地上爬来爬去,父母在附近看着,但很少有父母把孩子拎起来说"你看你,刚换的裤子又弄脏了!"美国的父母在很大程度上,给孩子以自由。他们的代价无非是多洗几次衣服,多拖几次地板而已,而换来的却是孩子一生的良好发展。

 让孩子成为优秀在校生

三、"急于求成"干扰了孩子锻炼实践力

当然，也有不少家长认识到了实践力对孩子的重要性，并且也注重让孩子进行实践，但却寄予很高的期望值，急于求成。实际上，孩子的许多实践行为常常伴有其年龄特点，与父母所期望的行为节奏并不一致，这就会让一些父母生发出"帮助"孩子的想法。如果一个四五岁的孩子自己要穿衣服时，父母很可能并不会为孩子这种可贵的想法感到高兴，因为父母很明白这个年龄的孩子不可能迅速地把衣服穿好，于是就会情不自禁地走过去帮忙。这样，孩子的实践机会就又让家长给代替了。让我们向深层次想一想，如果别人的活动跟我们的习惯相近时，我们一般会感到高兴，但当我们被迫适应别人的节奏时，就会感到痛苦。其实，孩子也有这样的感受，作为家长，我们从孩子的心理上想过这个问题吗？

 献计献策

一、转变教育理念

1. 改变"重知识轻能力"的思想

当前，素质教育的实施，对孩子能力的要求已越来越受到重视，那种以孩子成绩的高低评价孩子的社会氛围也正在淡化。因此，明智的家长应当是在重视孩子成绩的同时，更重视孩子的能力发展。

家长要改变以考分来判断孩子的做法，因为孩子的素质不是单纯由成绩来表现的。在一个强调素质教育的时代，只要求孩子好好学习争取高分是远远不够的，其他方面的素质也需要培养，尤其是孩子的动手能力。现在社会越来越强调实践能力的重要性，这是很多终日埋头苦读的

孩子所欠缺的。

爱迪生小时候成绩特别差，被老师讥笑为智商不高的孩子，可是他的母亲并不这样认为，也没有因此对孩子失去信心，在母亲的精心引导和教育下，爱迪生建立了自己的实验室，每天动手做各种科学实验，最终成为世界上最伟大的发明家之一。爱因斯坦在小学时，也曾因为学习成绩差被认为是低能儿，然而在自己的不懈努力下，他用聪明才智创造了相对论，为世界科学做出了卓越的贡献，成为20世纪最伟大的科学家之一。

现代社会，是讲究孩子能力和各方面综合素质的社会，成绩只是孩子一个阶段学习情况的反映，无法证明孩子的全面素质和能力。一个学习成绩不理想的孩子，也许在动手实践方面有独特的优势，这也许就是让孩子获取成功、体验成功的良机，甚至还因为动手能力强而带动其学习成绩的提升。

2. 相信孩子能行

实践的过程是对孩子综合能力的检验，孩子在实践中才会真正地发现和了解自己。孩子对自己没有信心，就不敢尝试或害怕失败，这时家长应当鼓励和支持孩子，让孩子来肯定自己的能力。

美国著名小说家海明威的父亲的教育既严格又灵活，他会随时根据具体情况而改变教育的方式方法。在小海明威四岁的时候，父亲严肃地对他说："孩子，别老是跟着我，自己玩去吧！"说着，就给小海明威一根鱼竿，鼓励他说："你能行，自己去吧。"后来，父亲又给他一支猎枪。小海明威在父亲的指点和鼓励之下，很快就迷上了钓鱼、打猎和探险。最终，在爸爸的信任下，海明威健康长大，并将自己的知识运用到了小说创作中，在丰富的人生体验的帮助下，完成了许多杰出的作品。

孩子在自己动手实践的过程中，会培养出独立精神和勇于创新的意

让孩子成为优秀在校生

识。父母把信任传达给孩子，孩子就会树立"我能行"的心态，并在实践中不断印证这种感觉，从而不断增强发展的信心。

孩子学习书本知识的最终目的是用在现实生活中，成为立足于社会的基础和资本。所以，空有知识是不够的，还要学会将知识具体为实际可操作的实践。这样才是学习的真正目的。孩子对自己的评价往往不够客观和准确，需要从家长那里获得对自己的积极评价。因此，当孩子信心不足时，家长一定不要吝啬自己的信任，要告诉孩子——"你能行"。

二、给孩子实践空间

俗话说，熟能生巧。熟就是反复实践，一个人不论获得何种能力，都离不开多想、多做的实践过程。因此，家长应为孩子的实践活动提供必要的条件。

1. 要承担责任。家长要把培养孩子的实践力当作自己的责任，不要因为自己忙而只注重成绩，对老师布置的实践性作业不闻不问，甚至有时还觉得是浪费孩子的学习时间而代劳。比如，孩子要做实验，父母可以多了解一下相关内容，引导孩子做好相应的预案，如提供实验材料、提示其实验应注意的问题，等等。对孩子的一些创新性想法的尝试，家长可以同孩子一起研讨，共同拟定实践活动方案，一方面可以排除安全隐患，另一方面也能让孩子养成严谨的实践活动习惯。

2. 要敢于放手。对孩子的一些实践活动，家长不要"怕"字当头，认为这也危险、那也危险，而不让孩子进行。其实，孩子也有着自我保护的本能，只要家长平时对孩子的实践活动多关注一些，提前做好相关的"预防警示"，许多看似"危险"的实践活动也往往是安全的。另外，家长一定要从小培养孩子的独立自理能力，不能让孩子形成对父母的依赖感。孩子如果对父母存在很大的依赖感，事事都依靠父母，即使是自己可以动手做的事情也推托给父母，就会在心理上产生惰性，难以自觉地动手实践，甚至在父母的督促下也不愿动手。家长要减少为孩子做事的冲动，在生活中，只要孩子自己可以做到的，就让孩子自己去做；在学习上，也要尽量让孩子自己去做，如孩子做作业的时候，父母不要插手，让孩子自己将学到的知识更好地理解消化，这样孩子会逐渐摆脱对父母的依赖，具备较好的动手实践能力。

3. 要给予支持。首先，面对孩子的实践需求，父母应真心实意地支持。比如，孩子需要搜集一些家庭信息，像父母、爷爷、奶奶、姥爷、姥姥的年龄，生活用水量、用电量、家庭日常开支等，家长要积极配合，给孩子创设一个实践的空间，养成"生活即实践"的品质。同时，父母也应教育好孩子哪些实践活动暂时不宜做，如有些危险性大的实践活动暂时不宜盲目去做等。其次，孩子的实践活动往往会带来一些负面因素，如活动中会产生一些垃圾，影响室内的环境，破坏一些物品等，甚至还会产生一些成年人眼光中的错误行为等。父母应宽容孩子的过失行为，不宜经常训斥以免激起孩子的逆反心理，抹杀孩子探索、实践的愿望。再次，孩子在实践活动中遇到挫折时，家长应给予关怀、帮助、指导等，让孩子的实践能够继续保持下去，从而为孩子未来的成长与发展奠定基础。

让孩子成为优秀在校生

激发孩子的创造力

（一）晓彤自小就被妈妈送到少儿美术辅导班学习绘画，并且小有成就。有一次，学校布置以"环保人人有责"为主题创作一幅绘画作品，可马上就要提交作品了，晓彤却什么也没画。妈妈奇怪地问："怎么还没有画呢？""老师没有画一幅让我照着画，让我画什么呀？"

（二）一次在"角的度量"的公开课上，老师在指导了学生如何使用量角器度量角的度数后，学生开始动手操作。活动中，绝大多数学生都掌握了如何使用量角器度量锐角、直角、钝角的方法，老师十分满意。就在这时，一位学生喊道："老师，我的量角器断了，还有一个钝角的度数没有测量，怎么办？"听课的老师就嘀咕开了：借一个量角器给他不就行了。但这位授课老师却没有这样做，而是抛出一个问题：量角器断成了两半，还能量角吗？在老师的启发下，学生终于思考出多种方式，用破残的量角器度量出了剩下的钝角。

情境（一）中的晓彤不会自己创作作品，实际上就是创造力缺乏的具体表现。而情境（二）中的老师则巧妙利用量角器断了这一偶发事件，引导孩子动脑筋想办法，从而为学生播下了萌发创造力的种子。

创造力，就是创新的能力，是成功完成某种创造性活动所必需的心理品质。创造新概念、新理论、新方法、新技术，创作新作品等，都是创造力的表现。创造力的高低，往往决定着一个人成就的大小。

但创造力不足，却几乎是很多中国孩子的通病。遇到问题，只要没人教过，就一筹莫展，找不到解决问题的新办法；从来提不出与众不同的新看法；做数学题时，只要稍微一变通，就不知应如何去解题；写作文时，往往只是机械地记忆某一篇范文，却不会自己去创作一篇新作，等等。

每一位家长都希望自己的孩子具备创造力。但事实是我们的孩子却普遍缺乏创造力。那么，从家庭教育方面来说，都有哪些原因呢？

 追根溯源

一、"模仿"的教育方式扼杀了孩子的创新基因

还是以学画为例。我们平时指导孩子自己绘画也好，送到辅导班学画也罢，一般都是让孩子临摹画，或者是描着画，或者是照着范画画，很少让孩子天马行空，想到哪儿就画到哪儿，想怎么画就怎么画。如果孩子随意涂鸦，一般带来的就是家长的指责和矫正。再如上了初中，作业多了之后，不少孩子为求书写速度加快，便开始模仿一些行书或草书的写法，字迹也变得潦草起来，但家长和老师的评价却是"还没学会走，就开始跑，这怎么行呢？"并且要求孩子回到横平竖直、一笔一画

的状态中去。且不论孩子的"涂鸦"或"行书"优劣、对错与否,但这却体现了一种可贵的"创新"基因,只因不符合家长或老师为其设定的"规范",便受到了"打击"。长此以往,孩子还能够再生"异端"思想,还敢有什么"出格"行为吗?

对不少家长来说,"示范"是教孩子时常用的方法,比如写字、唱歌、舞蹈甚至玩游戏,都是先示范一遍,然后孩子跟着来一遍。一位妈妈就非常热衷于事事示范,甚至在孩子游戏的时候,看见孩子笨手笨脚的,也忍不住要示范该怎样玩,看着孩子学会了,便沾沾自喜,觉得孩子学得不错。可是不久后,她就发现孩子不管做什么,都等着示范,完全不会自己想办法;如果不示范,孩子就不会动手了。

"示范",实际上是人为地设置了一个框框,把孩子的创造力禁锢了起来。"示范"在孩子的眼里会成为一个标准动作,成为孩子模仿的范本。虽然模仿是孩子学习的一个主要途径,但模仿的学习缺少独立思考,往往会在不知不觉中左右了孩子的思考,阻碍了创造力的发挥。并且,成年人所做的示范大多是面对某问题时所运用的惯例,在这种情况下,一些新的想法和点子就被排除在外。其实,只要我们想一想,许多发明在未出现之前,我们拿什么来模仿呢?当然,我们也并非完全排斥模仿,但应注意的是模仿不是简单地照搬,而是应该在模仿的基础上,汲取别人的经验,并努力超越。

二、"控制"的教育心态泯灭了孩子的创新灵性

多数家长都喜欢"听话"的孩子,因为这可以让家长了却许多"麻烦"——不让孩子玩火,孩子就不会被烧伤;不让孩子摆弄电器,孩子就不会触电;不让孩子拆卸一些物品,物品就不会被无端地"毁坏";让孩子老老实实地按照标准答案去做题,考试就可能得"高分"……一

句话，多数家长都希望孩子对自己"言听计从"，并且在日常生活中不着痕迹地把"听话的孩子才是好孩子"的观念印刻在孩子的头脑之中。实际上，这就是对孩子的"控制欲"。

在家长"控制"下长大的孩子，多数没有了自己的个性，没有了独立的人格，一切思想和行为都需要在别人的"指示"下进行，根本就没有生命的灵性。一个丧失个性、没有独立人格的人，又怎么可能有创造力呢？一个敢于创新的人，必定是一个有着批判和质疑精神的人，敢想别人不敢想的，敢做他人不敢做的，不迷信权威，不人云亦云。

"为什么我们的学校总是培养不出杰出人才？"这是著名科学家钱学森提出的一个疑问。什么是杰出人才？创新型人才才是杰出人才。在我国现行的教育体制之下，在不少家长的"模仿"式教育及"控制"下，孩子的创新能力随着受教育的增多而不断递减，这不能不说是一种悲哀。

那么，家长应该怎样去催生孩子的创造力呢？

 献计献策

一、关注孩子创新精神的培养

1. 培养孩子的创新意识。培养孩子的创造能力，要由易入难，从简单到复杂。刚开始时可以让孩子从常见的事物开始，让他们在平常中找到异常，在熟悉中找到陌生，以避免他们易形成"熟视无睹"的心态，这是创造能力发展的基本条件。比如，在孩子绘画时，鼓励他们尝试一下画出与众不同的东西；在用量角器量角时，鼓励孩子尝试一下用残缺的量角器度量出角的大小；在学科学习中，鼓励孩子一题多解；在书籍阅读中，鼓励孩子提出与众不同的观点等。

2. 训练孩子的创新思维。家长要引导孩子进行创造思维,用自己已掌握的知识和经验,针对要解决的问题,发现新的具有创造意义的解题方法。独立思考是孩子发展创造能力的一个关键点,因为孩子模仿能力较强,依赖感较强,如果不注意培养独立性,就会逐渐养成依赖的习惯,这对他们创造能力的发展是极为不利的。因此,在孩子的成长过程中,家长不要给孩子设置过多的"规范"或"框框",不要代替孩子做一些他们经过努力能够自己完成的事。

3. 增进孩子的创造体验。创造活动是一件快乐的事情,同时也是一件艰辛的脑力劳动。家长应尽早让孩子有所创造、有所成就,让他们体验到创造成功的快乐,从而激发他们进行创造的兴趣和动机。家长可以为孩子提出一些问题,让孩子成功地解决,在一次次成功的快乐中,孩子创造的观念也会逐渐形成。

二、教给孩子创造的技能

创造能力的培养,有时也是可以通过一定方法加以训练的。以下就是一些常见的创新方法。

1. 加加减减。可在这件东西上添加或减少些什么吗?把它加长、加厚一些,或者是缩短、变薄一些,行不行?把这件东西同其他东西组合在一起,或是单独取出其中一部分,会有什么结果?美国人威廉有一次去朋友家,看到朋友正在用铅笔画画,铅笔的一端绑着一块橡皮,于是得到启发,从而发明了橡皮头铅笔。

2. 扩扩缩缩。使这件东西放大、扩展,会怎么样呢?棋类教学时要向全体孩子演示,如果用一个普通棋盘搁在讲台上,让全体孩子围上来看,这是极不方便的。怎么办?制作一个大棋盘挂起来,棋子总要下落怎么办,那也不要紧,用"加一加"的方法让棋盘带上磁性,棋子用铁来做，问题就迎刃而解了。使这件东西压缩、缩小，会怎么样呢？袖珍词典、袖珍收音机、压缩饼干、缩微胶卷等，都是这么来的。

3. 改改变变。改变一下形状、颜色、音响、味道、气味，会怎么样？改变一下次序会怎么样？农业科学家把圆溜溜的桃子、西红柿、西瓜等培育成方形，使它们在运输过程中不易滚动，容易装卸。以前的报时钟，只会铃声大作，后来用音乐声来代替铃声，用模拟信号发出语音提醒，都是改改变变的结果。写作文时，可以改变叙述的次序，除顺叙以外，还可以运用倒叙、插叙、补叙等方法……

4. 仿仿替替。有什么事物可以让自己模仿学习一下吗？鲁班被茅草拉破了手，他就模仿茅草边缘的小齿而发明了锯子。有什么东西能代替另一样东西呢？如果用别的材料、零件、方法等代替另一种材料、零件、方法行不行？你打开饮料瓶盖时，就会看到瓶盖里有一块圆形垫片，以前这种垫片都是用橡胶制成的，现在，研制出塑料垫片来代替橡胶垫片，重量、生产成本都要节省一半。

孩子创造力的培养也不是独立存在的，它与孩子好奇心的开发、思维品质的锤炼、想象力的丰富、实践力的培养等都是相互渗透的，是完全可以一体进行的。

图书在版编目（CIP）数据

让孩子成为优秀在校生 / 张耘主编 . -- 济南：山东友谊出版社，2016.12
ISBN 978-7-5516-1161-9

Ⅰ.①让… Ⅱ.①张… Ⅲ.①家庭教育 Ⅳ.① G78

中国版本图书馆 CIP 数据核字 (2017) 第 000930 号

主管单位：	山东出版传媒股份有限公司
出版发行：	山东友谊出版社
地　　址：	济南市英雄山路 189 号　邮政编码：250002
电　　话：	出版管理部（0531）82098756
	市场营销部（0531）82098035（传真）
印　　刷：	龙口市众邦传媒有限公司
版　　次：	2017 年 1 月第 1 版
印　　次：	2017 年 1 月第 1 次印刷
规　　格：	170 mm×240 mm
印　　张：	11.75
字　　数：	235 千字
定　　价：	24.80 元

(如印装质量有问题，请与出版社出版管理部联系调换)